그래도, 선생님

그래도, 선생님
아이들과 함께하는 선생님의 치유 기록

초 판 1쇄 2025년 09월 17일

지은이 손미주
펴낸이 류종렬

펴낸곳 미다스북스
본부장 임종익
편집장 이다경, 김가영
디자인 임인영, 윤가희
책임진행 이예나, 김요섭, 안채원, 김은진

등록 2001년 3월 21일 제2001-000040호
주소 서울시 마포구 양화로 133 서교타워 711호
전화 02) 322-7802~3
팩스 02) 6007-1845
블로그 http://blog.naver.com/midasbooks
전자주소 midasbooks@hanmail.net
페이스북 https://www.facebook.com/midasbooks425
인스타그램 https://www.instagram.com/midasbooks

ⓒ 손미주, 미다스북스 2025, *Printed in Korea.*

ISBN 979-11-7355-494-0 03810

값 17,500원

※ 파본은 구입하신 서점에서 교환해드립니다.
※ 이 책에 실린 모든 콘텐츠는 미다스북스가 저작권자와의 계약에 따라 발행한 것이므로 인용하시거나 참고하실 경우 반드시 본사의 허락을 받으셔야 합니다.

미다스북스는 다음세대에게 필요한 지혜와 교양을 생각합니다.

아이들과 함께하는 ○ 손미주 지음 ○ 선생님의 치유 기록

그래도, 선생님

미다스북스

프롤로그 다시 교단에 서기까지 ·············· 7

돌아온 교실, 치유의 첫걸음

분리수거는 즐거워   소라게 출동! ·············· 13
쓰레기 보물찾기   학교, 보물섬이 되다 ·············· 18
우당탕탕 대피 소동   신규 시절의 추억 ·············· 22
얘들아 미안해!   식집사의 오지랖 ·············· 26
제발 한 놈이라도 날아가거라   생명이 자라는 교실 ·············· 31
저는 그냥 매일매일 기뻐요   어린이날의 설렘 ·············· 36
주문을 외워라 치킨 바나나   클럽으로 변한 교실 ·············· 41
어쩌다 노래방   노래 너머 숨겨진 아이들의 진짜 마음 ·············· 46

아이들도 선생님도, 실패해도 괜찮아

푸릇푸릇한 만남   아이들과 나눈 향긋한 하루 ·············· 53
선생님, 100살이에요?   선생님의 증언 ·············· 57
책이 땔감이라니   들썩들썩 북 콘서트 ·············· 63
삑사리의 마법   고음 불가 음악 선생님 ·············· 68
아보카도여도 괜찮아   있는 그대로 충분해 ·············· 73
벌레 한 마리, 서러운 울음   기다림과 성장 사이 ·············· 78
"망했다" 대신 "다시 해 보자"   긍정의 언어 ·············· 83
만약 내일이 마지막이라면   울면서 쓴 편지 ·············· 87

3부
서로 마주하며 마음을 여는 교실

기다려줘서 고마워요　서툰 진심이 건넨 위로 ·········· 93
깜짝선물의 감동　그림에 담긴 소중한 마음 ·········· 97
수학이 너무 어려워요　포기하지 말아 줘 ·········· 101
그건 오해야, 얘들아　오해도 추억이 된다 ·········· 105
선생님 보고 싶을 거예요　사랑 가득한 아이들 ·········· 109
신나고 짜증 나고 기대돼요　하루를 여는 진솔한 대화 ·········· 113
고쳐 쓴 답안　마음속 돌덩이 하나 ·········· 117
많이 불안하시죠　우는 엄마, 우는 선생님 ·········· 123
너도 애쓰고 있을 테니까　다시 믿는 마음 ·········· 128

4부
서로 다른 우리가 함께 걸어가는 길

싸우면서 큰다고요?　화가 날 때 먹는 행감바 ·········· 135
사랑의 훼방꾼　교실 연애 풍경 ·········· 139
말 없는 아이　자신의 속도로 자라는 아이들 ·········· 144
내가 미안해　실수를 인정하는 용기 ·········· 149
보건실에 가도 되나요?　마음의 안식처 ·········· 154
나 좀 봐 주세요　신호를 보내는 아이들 ·········· 158
마인크래프트에 갇힌 아이　우리 반 한준이 ·········· 162

그래도, 상처를 딛고 서는 희망

봄에도 캐럴을 듣습니다 나를 위한 작은 축제 ·········· 171

하고 싶은 게 없어요 내 꿈은 돈 많은 백수 ·········· 174

가방 세 개의 무게 부모와 교사 사이 ·········· 178

나를 살린 아이들 견디며 살아가는 선생님들께 ·········· 183

들꽃처럼 피고 싶어 은은한 향기를 건네는 사람 ·········· 187

행복한 교실을 꿈꿉니다 스승의 날 ·········· 191

흔들려도 괜찮아요 불안한 엄마 ·········· 196

서로의 우주가 되어 서툰 나를 기다려 준 아이들 ·········· 201

에필로그 끝나지 않은 이야기 ·········· 205

다시 교단에 서기까지

아이들을 가르치는 일에는 언제나 빛나는 순간들만 있는 것은 아니었습니다. 서툴지만 열정만큼은 가득했던 신규 교사 시절부터 아이들의 마음을 들여다볼 수 있게 되기까지 오랜 시간이 걸렸습니다. 애를 써도 변하지 않는 아이의 모습을 보며 밤잠을 뒤척인 날도 있었고, 동료 선생님들께 어떻게 지도하면 좋을지 한참을 붙들고 물어보기도 했습니다. 지속적인 수업 방해 행동을 보이는 학생의 지도를 위해 도움을 요청하고자 학부모님께 전화를 걸 때도 있었습니다. 큰 숨을 두어 번 토해 내고서야 조심스레 수화기를 들었지만, 날 선 반응이 돌아올 때면 무력감이 온몸을 휘감았습니다.

가르침의 결과가 당장 눈에 보이지 않아도 괜찮았습니다. 그 지난한 과정에서도 가끔은 반짝이는 순간들을 맞이할 수 있었으니까요. 하지만 언젠가부터 마음속에 작은 균열이 생기기 시작했습니다. 불신의 눈빛과 부당하게 느껴지는 일들이 쌓여 갈수록 내가 하는 일의 의미를 찾을 수 없었습니다. 내 안의 믿음도 조금씩 무너져 내렸습니다. 그렇게 켜켜이 쌓인 무력감과 상처로 인해 몸은 무너졌고, 마음도 소진되었습니다. 결국 나를 추스르기 위해 잠시 멈추기로 했습니다. 막 다시 숨을 고르려던 찰나, 뉴스에서는 가슴을 저미는 소식이 흘러나왔습니다. 많은 선생님께서 그러셨듯, 저 역시 참담하고 아픈 마음에 어찌할 바를 모르고 한없이 눈물을 쏟았습니다. 그날 무릎이 꺾여 버렸습니다. 다시는 학교로 돌아갈 수 없을 것만 같았습니다.

그런데 휴직 연장 서류를 제출하러 오랜만에 학교에 갔던 날, 수업 중인 아이들의 목소리에 발길이 쉽게 떨어지지 않았습니다. 복도를 걷던 중 교실에서 들려오는 아이들의 웃음소리와 열정이 담긴 선생님의 목소리는 제 안에 잠들어 있던 무언가를 흔들어 깨웠습니다. 다시 아이들 앞에서 서고 싶었습니다. 내가 있어야 할 곳은 여기라는 생각을 떨칠 수 없었습니다.

다시 아이들 앞에 서게 된 저는, 아이들이 선사했던 빛나는 순간들을 기록하기 시작했습니다. 기억 깊숙이 묻혀 있던 소중한 순간들을 하나씩 건져 올리며 나 자신을 위해 글을 쓰기 시작했습니다. 아이들과 함께 했던 평범하지만 소중한 순간들을 떠올리면서 다시 힘을 낼 수 있었습니다.
용기를 내어 다른 사람들과 교실 이야기를 나누기 시작했습니다. '이야기들 하나하나 너무 이뻐서 드라마 보듯 몰입해서 읽고 있어요!', '아이들의 순수한 마음들로 제 마음까지 정화되는 듯해서 미소가 지어지네요', '아이들의 작지만 큰 세상을 엿보는 재미가 쏠쏠하네요.'라고 공감해

주시는 분들을 만나게 되었습니다. 함께 마음을 나눌 사람들이 있다는 사실이 제게는 큰 힘이 되었습니다.

언제든 다시 주저앉고 싶은 순간이 찾아올지도 모릅니다. 그때가 오면 다시 제 글을 꺼내 보려고 합니다. 그렇게 상처받은 마음을 어루만지며, 저와 같은 마음을 품고 있는 분들에게도 아이들로부터 받았던 온기를 조금이나마 전하고 싶습니다. 힘든 상황에서도 행복했던 순간들을 떠올리며 잠시나마 미소를 지을 수 있다면 좋겠습니다.

이 책은 교실이라는 공간에서 피어난 순간들을 담은 작은 기록입니다. 교사로서, 또 아이를 키우는 엄마로서 마주했던 순간들과 아이들을 바라보며 조심스레 품었던 제 마음을 담았습니다.
현장에는 저보다 훌륭한 선생님들이 너무나 많습니다. 그럼에도 흔들리는 걸음으로 아이들과 함께 조금씩 성장해 온 한 교사의 이야기를 부디 너그러운 마음으로 읽어주셨으면 좋겠습니다.

이 글을 이어 가면서도 마음이 무겁습니다. 지금도 무고한 아동 학대 조사 속에서 하루하루를 버티는 선생님, 부당한 민원에 지쳐 쓰러질 듯한 선생님이 계시기 때문입니다. 혹여 제 이야기가 힘겨운 상황에 계신 선생님들께 섣부른 조언으로 들리지는 않을지 두렵습니다. 그래서 글을 쓰는 동안 수없이 망설이고, 한 줄 한 줄 조심스럽게 써 내려갔습니다.

교실은 여전히 눈물과 보람이 함께하는 공간입니다. 하지만 그 안에서 만나는 아이들 한 명 한 명의 빛나는 순간들이 있기에, 오늘도 기꺼이 그 자리에 서고 싶습니다. 아이들과 쌓아 올린 소중한 순간들을 습관처럼 잊지 않기 위해, 조심스레 마음 한편에 작은 책갈피를 꽂아 둡니다. 그 책갈피에 녹아든 저의 서툴고 부족한 고백이 누군가에게는 위로가 되고, 또 다른 누군가에게는 힘이 되기를 간절히 바랍니다.

일러두기

* 책에 등장하는 아이들 이름은 모두 가명입니다.
* 아이들과 보호자에 관한 이야기는 개인정보 보호를 위해 각색한 것입니다.

1부

돌아온 교실, 치유의 첫걸음

"빨리 다음 주가 되었으면 좋겠다"

분리수거는 즐거워

소라게 출동!

  3월은 새 학기의 시작이자 학급 운영의 기초를 다지는 중요한 시기다. 서로를 알아가고 규칙에 익숙해진 뒤에는, 한 달 동안의 역할을 정하는 시간을 갖는다. 칠판 지우기, 분리수거하기, 그날의 시간표 붙이기, 학습지 나눠 주기, 교실 뒷정리 같은 일들을 화면에 띄워 놓으면, 아이들은 저마다 하고 싶은 일을 고른다.

  아이들의 선호도는 뚜렷하다. 칠판 앞에 나와 날짜를 쓰거나, 시간표를 붙이는 일에는 손을 번쩍 드는 아이들로 북적인다. 평소 선생님만 사용하던 칠판을 직접 만지고 쓸 수 있다는 경험이 특별한 즐거움으로 다가오기 때문이다. 반대로 교실 뒷정리 같은 일은 외면받는다. 눈에 잘 띄지 않고 단순한 일이라고 느껴서일 것이다.

  그중에서도 분리수거는 좀 특별하다. 매주 목요일 점심시간에 해야 하는 일이라 놀이 시간이 줄어드는 걸 싫어하는 아이들이 많다. 일주일에 한 번만 하면 되지만 친구들과 놀 수 있는 소중한 시간을 학급의 일에 써야 한다는 생각에 망설이는 것이다. 다행히 네 명이 자원했고, 아이들은 기대감으로 반짝이는 얼굴을 하고 있었다.
 점심을 먹고 교실로 올라가니, 학생들이 이미 준비를 마친 채 나를 기다리고 있었다.
 "선생님, 어서 분리수거하러 가요!"
 기다림의 지루함보다는 설렘이 더 컸던 모양이다. 반짝이는 눈망울이 웃음을 머금고 서랍을 꺼내 들었다. "저도 도와드릴래요." 그렇게 다섯 명의 작은 도우미가 나를 따라 분리수거장으로 향했다. 서랍은 꼬마들이 들기엔 꽤 커 보였다. 괜찮겠냐고 묻자, 당연한 걸 뭘 물어보느냐는 듯 으쓱하며 말했다.
 "하나도 안 무거워요."
 더 무거운 것도 많이 들어봤다며 둘이 같이 들자고 해도 싫단다. 혼자 들 수 있다며 자랑하는 모습이 제법 의젓했다. 교실에서 분리수거장까지 거리는 짧지 않았지만, 작은 손은 묵묵히 무게를 감당했다.
 분리수거장에 도착해서 배출 방법을 하나씩 설명해 주었다. "종이는 여기에 버려요. 페트병과 플라스틱은 어떻게 다른지 알고 있나요? 비닐은 이쪽에 넣어야 해요." 아이들은 진지한 얼굴로 듣고 있다가 꼼꼼히 나눠 담기 시작했다. 평소 산만했던 녀석도 이때만큼은 고도의 집중력을 발휘했다.

 깨끗이 비운 통을 들고 다시 교실로 올라가는데, 통이 가벼워진 만큼 재잘거리는 꼬마들은 나를 저만치 앞질러 갔다. 그러더니 한 아이가 통을 머리에 뒤집어썼다.
 "나 좀 봐라."

"오줌 싸면 쓰는 그거 같다."
"그거 이름이 뭐더라?"
"채라고 하던가? 뭐지?"
"아니야, 그거 키라고 하는 거야."
커다란 분리 수거통을 모자처럼 머리에 쓰고 가는 모습이 재밌어 보였나 보다. 뒤따라가는 아이들도 따라서 머리에 썼다. 나란히 교실로 걸어가는 모습이 마치 작은 퍼레이드 같았다.
"얘들아, 통이 안 깨끗할 수도 있어. 그냥 들고 가자."
"괜찮아요." 아이들은 내 걱정에도 아랑곳하지 않고 신나게 걸어갔다. 그 모습이 소라껍데기를 짊어진 소라게와 닮았다. 달그락거리며 교실로 들어가는 뒷모습이 참 사랑스럽다.

"빨리 다음 주가 되었으면 좋겠다. 또 분리수거하게."
어른 눈에는 귀찮아 보이는 일도 아이들에게는 놀이가 된다. 분리수거라는 단조로운 일조차 그들에게는 작은 모험이자 신나는 게임으로 변한다. 무거운 서랍을 나르는 일, 쓰레기를 분류하는 일, 빈 통을 머리에 쓰고 돌아오는 길까지 모든 것이 즐겁다. 놀이라고 생각하면 해야 할 일도 설레는 무언가가 될 수 있다는 걸 아이들은 배우지 않아도 알고 있다. 아이들의 놀라운 능력이자 어른들이 잃어버린 순수한 마음이다.

꼬마들과 분리수거를 하다 보니, 짜증 나고 힘들었던 감정도 수거함에 넣고 온 기분이다. 며칠 전부터 매달리던 걱정이 어느새 사라진 것 같다. 깨끗해진 통처럼 마음도 한결 가벼워졌다.

마음속 부정적인 감정도 이렇게 분리수거할 수 있다면 얼마나 좋을까. 화는 이쪽, 걱정은 저쪽, 속상한 일들은 종량제 봉투에 단단히 묶어서 말이다. 하지만 현실의 감정들은 아무도 수거해 주지 않으니 가득 찬 내 마음을 주기적으로 비워야겠다. 글쓰기로 재활용할 수 있는 감정들은 따로 모아둔다. 아픔도, 기쁨도, 때로는 무력한 마음마저도 언젠가는 누군가의 마음을 어루만질 소중한 재료가 될 테니까. 운동으로 흘린 땀방울에는 화난 마음을 섞어 흘려보내야지. 그렇게 정돈된 마음으로 아이들을 맞이하고 싶다.

 **선생님의 마음 노트**

함께 나누는 책임, 자라는 마음

미국의 심리학자 알프레드 아들러는 "인간의 가장 깊은 본능은 공동체의 일원으로 이바지하고 싶어 하는 마음"이라고 말했습니다. 아이들이 학급의 일이나 집안일을 함께 분담하는 것은 바로 그런 마음을 심어 주는 첫걸음입니다. 스스로 맡은 역할을 완수하면서 책임감과 자기 효능감을 키우고, 협력하는 과정을 통해 공동체의 소중함도 배우게 됩니다. 작은 일에서부터 "내가 필요하다"라는 경험은 아이들의 자존감에 밑거름이 되어 줍니다. 오늘도 아이에게 부여한 사소한 역할이 결국 아이의 미래를 튼튼하게 만들어 줄 거예요.

쓰레기 보물찾기

학교, 보물섬이 되다

 우리 학교에는 멋진 소나무 숲이 있다. 학교가 집에서 멀리 떨어져 있고 학급 수도 적어 힘든 점이 있지만, 나지막한 뒷산을 걸으면 한결 기분이 좋아진다. 산이라고 부르기 머쓱할 만큼 낮지만 가볍게 산책하기에 제격이다. 특히 점심을 일찍 먹은 날 혼자 뒷산 길을 걸으면 솔 내음과 청명한 하늘이 지친 마음에 활력을 준다. 소나무 사이로 스며드는 햇살을 느끼는 오후에는 이곳에 발령받았다는 사실이 축복처럼 느껴진다.

 봉사 활동으로 아이들과 학교 운동장과 뒷산의 쓰레기를 줍기로 했다. 전날 편한 옷을 입고 오라고 안내했더니 아이들은 기대에 찬 얼굴로 나를 반겼다. 몇몇은 아침부터 "선생님, 언제 나가요?", "더 빨리 나가면 안 돼요?"하며 잔뜩 들떠 있었다. 그런데 하늘이 심상치 않았다. 잿빛 구름이 하늘을 짙게 물들이고, 세찬 바람에 창밖의 나무들이 마구 흔들리고 있었다.
 "선생님, 비 오면 어떡해요?"

"그럼, 저희 오늘 못 나가는 거예요?"

봉사 활동을 손꼽아 기다리던 아이들의 얼굴에 걱정이 어렸다. 그 안타까운 얼굴을 보고 있자니 차마 활동을 미룰 수 없었다. 비가 오기 전에 서둘러 다녀오기로 하고, 1교시부터 밖으로 나가자고 했다. 내 말에 녀석들의 얼굴이 다시 환해졌다. 쓰레기봉투와 집게를 들고 안전 수칙을 한 번 더 당부한 뒤 교실을 나섰다. 먹구름이 서서히 내려앉고 있었다.

처음에는 운동장 주변을 돌았다. 겉보기에는 깨끗해 보였지만 구석구석 살펴보니 쓰레기와 담배꽁초가 제법 나왔다. 아이스크림 막대부터 옷걸이까지 온갖 쓰레기가 발견되자, 아이들은 신기해하며 야단법석을 떨었다. 힘들다는 내색 하나 없이 부지런히 쓰레기를 주워 담았다.

"어? 선생님, 여기 이상한 게 있어요!"

"선생님, 이건 뭐예요?"

"선생님, 이것도 쓰레기예요?"

아이들은 보물찾기라도 하듯 이곳저곳을 헤집으며 쓰레기를 모았다. 조용한 혜미는 화단 주변에서 작은 쓰레기들을 세심히 골라냈고, 활발한 호준이는 축구 골대 뒤편까지 뛰어가 아이스크림 막대를 주워 왔다. 교실에서는 집중을 잘 못 하던 성훈이도 부지런히 뛰어다녔다. 할당량을 준 것도 아닌데 너나 할 것 없이 열심히 쓰레기를 줍는 모습이 참 기특했다.

"와, 선생님. 벌써 봉투가 반이 넘게 찼어요!"

"생각보다 학교에 쓰레기가 많네요."

20분 남짓 운동장을 돌자 봉투가 묵직해졌다. 가득 찬 봉투를 보며 작은 얼굴들이 뿌듯함으로 환해졌다.

이어서 뒷산으로 향했다. 꼬마들의 몸짓과 발걸음은 훨씬 더 경쾌해졌다. 주호와 태양이는 떨어진 나무 막대를 들고 영화 속 장면을 흉내 냈고, 수민이는 예쁜 돌을 주워 보물을 찾았다며 기뻐했다. 영준이는 솔방울을 관찰하다 숨어 있던 씨앗을 발견하고는 신이 나서 친구들에게 보여주었다. 산을 오르며 쓰레기를 줍는 것이 목적이었지만, 자연 속에서 이것저것 발견하며 궁금해하는 아이들의 모습에 나도 함께 즐거워졌다. 벌레를 보고 비명을 지르는 아이도 있었지만, 대부분은 호기심 어린 눈으로 주변을 둘러보았다.

1교시가 끝나갈 즈음 천둥소리가 울렸다. 멀리 번개가 번쩍이자 자기들끼리 또 종알거렸다.

"선생님, 천둥 쳤어요."

"우와 번개다!"

"아, 비 맞아도 좋으니까 밖에서 좀 더 있고 싶다."

서둘러 교실로 돌아오자마자 빗방울이 떨어지기 시작했다. 정말 절묘한 타이밍이었다. 활동이 끝나고 비가 내려서 얼마나 다행인지 모른다. 오늘 하늘은 우리 편이다.

내 속을 썩일 때도 있지만, 오늘 보여 준 아이들의 예쁜 모습만 오래오래 기억하기로 마음먹는다. 고맙다, 애들아. 너희들이 있어서 오늘 하루가 특별해졌어.

 선생님의 마음 노트

아이들의 눈빛, 나의 거울

교사의 삶은 언제나 아이들과 맞닿아 있습니다. 하루에도 몇 번씩 지치고 속상한 순간이 있지만, 아이들과 나눈 작은 순간들이 다시 마음을 채워줍니다. 쓰레기를 줍는 일도 보물찾기처럼 신나게 하고 길가의 막대기와 돌멩이에서도 놀잇감을 찾아내는 아이들을 보면, 세상을 새롭게 바라보는 법을 배우게 됩니다. 이런 순간들을 통해 교사로 산다는 것은 단지 아이들을 가르치는 일이 아니라, 아이들의 모습에서 나 자신을 비추어 보고, 앞으로 어떻게 살아가야 할지 스스로에게 질문을 던지는 과정임을 깨닫게 됩니다.

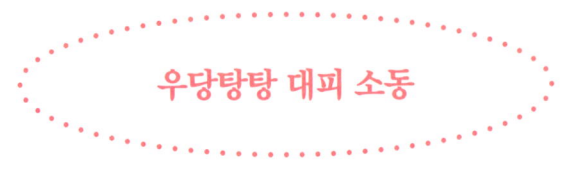

우당탕탕 대피 소동

신규 시절의 추억

 아침부터 아이들의 얼굴에는 평소와 다른 설렘이 가득했다. 바로 소방 훈련이 있는 날이기 때문이다. 교실에서 안전교육을 시작하자 녀석들은 이미 다 안다는 듯 자신만만한 표정으로 앉아 있었다.
 "선생님, 우리 작년에도 했어요."
 "어떻게 대피하는지 다 알아요!"
 아이들이 앞다투어 아는 체를 했다. 작년에는 비가 와서 방송으로만 진행했다는데, 이번에는 소방서까지 출동해 대규모로 훈련이 이루어진다고 했다.
 드디어 훈련 시작을 알리는 사이렌이 울렸다. 아이들은 소매로 코와 입을 막고 신속히 대피해야 했지만, 몇몇은 신이 나서 양손을 흔들며 뛰어다녔다.
 "얘들아, 진짜 불이 났다고 생각하고 대피하는 거야! 코와 입을 막고 대피해야지."
 큰 소리로 말했지만, 10살 어린이들에게는 그저 재미있는 이벤트로 여겨지는 듯했다.
 전교생이 운동장에 모인 가운데 본격적인 시연이 시작됐다. 전교 회장, 부회장이 나와서 소화기를 사용하는 모습을 보이자, 우리 반 꼬마들은 눈을 반짝이며 연신 "우와!"를 외쳤다.

"선생님, 우리도 해볼 수 있어요?" 기대에 찬 질문이 이어졌지만, "아쉽지만 직접 사용해 볼 수는 없단다."라는 말에 금세 얼굴이 시무룩해졌다.

커다란 소방차가 시원하게 물을 뿜자, 아이들은 더 크게 환호했다. 유난히 화창한 날 뿜어져 나오는 물줄기는 보기만 해도 상쾌했다.

생생한 체험 훈련을 마치고 교실에서는 화재 발생 시 대처 방법을 다시 한번 정리하는 시간을 가졌다. 교실 구석에 있는 소화기를 보여주면서 사용법을 복습하고, 집에 있는 소화기와 완강기의 위치를 확인하도록 숙제를 내주었다.

소방 훈련을 마치고 나니, 문득 신규 교사 시절의 아찔한 기억 하나가 떠올랐다. 지금도 생각하면 가슴이 철렁할 정도로 강렬했던 그 사건 말이다.

신규 교사였던 나는 중간 발령으로 영어 전담을 맡게 되었다. 처음 교사가 된 나에게는 모든 것이 낯설고 어려웠지만, 특히 한 반은 유난히 힘들었다. 나도 교사가 처음이라 아이들을 대하는 요령이 없었고, 담임선생님께서도 힘들다고 혀를 내두르는 녀석들이 모여 있었다. 원어민 선생님과 함께 수업하면서 매일 골치 아픈 일들이 벌어졌다. 이런 상황에서 수업 분위기가 잡히지 않을 때마다 담임선생님께 도움을 요청하기도 하고, 무조건 대화문을 외워서 말할 수 있을 때까지 아이들을 붙들어 두기도 했다.

그때는 학교 가는 게 무서울 정도로 힘든 나날의 연속이었다. 매일 아침 교문을 들어설 때마다 '오늘은 또 무슨 일이 일어날까?' 하는 불안감에 시달렸다. 오죽하면 크게 다치지 않을 정도로만 교통사고가 났으면 좋겠다는 생각까지 했으니 말이다.

그러던 어느 날. 사건이 터졌다. 평소와 다름없이 원어민 선생님과 함께 짝을 지어 대화를 주고받을 수 있는지 확인하고 있는데, 갑자기 교실이 뿌연 가루로 가득 차기 시작했다. 처음에는 무슨 일인지 파악할 수 없었다. 숨쉬기 힘들 정도로 교실이 뿌옇게 흐려졌을 때 비로소 알게 되었다. 한 아이가 호기심을 참지 못하고 교실에서 소화기를 뿌려댄 것이었다.

그 녀석도 예상보다 훨씬 강한 분사력에 놀랐는지, 당황한 얼굴로 소화기를 들고 서 있었다. 교실에 있던 모두가 콜록거리며 복도로 대피하는 순간, '이게 바로 교실 붕괴구나.'라는 생각에 자조적인 웃음이 새어 나왔다. 신규 교사로서 겪어야 하는 시행착오의 극한을 경험하는 기분이었다. 복도에 나와서도 한동안 기침이 멈추지 않았고 교실 안은 마치 폭탄이 터진 듯 아수라장이 되어 있었다. 칠판도, 책상도, 바닥도 온통 분말로 뒤덮여 있었다.

청소한다고 그날 오후엔 진을 다 빼고 말았다. 아이의 손이 여물지 않아서 구석구석 닦아야 할 곳들이 많았기 때문이다. 담임선생님께도 수업 시간에 일어난 사건에 대해 말씀드리고, 아이를 따로 불러 진지한 대화를 나누었다. 다행히 아이도 자기 행동이 얼마나 무모했는지 깨닫고 반성하는 모습을 보였다. 하지만 그때의 충격은 쉽게 가시지 않았다.

그 녀석 때문에 분말 소화기의 위력을 제대로 알게 됐으니 고맙다고 해야 하나. 강렬했던 그날의 기억이 아직도 잊히지 않는다.

 **선생님의 마음 노트**

하얀 분말이 남긴 것

신규 시절의 아찔한 기억이 이제는 소중한 이야기로 남아 있습니다. 교사의 하루란, 예측할 수 없는 순간들 속에서도 아이들과 함께 배우고 자라는 시간임을 새삼 깨닫습니다. 이런 예기치 못한 일들이 저를 더 유연한 사람으로 만들어간다고 믿습니다. 아직 배워야 할 것들이 많지만, 호기심 넘치는 아이들과 함께 걸어가고 싶습니다.

애들아 미안해!

식집사의 오지랖

과학 시간에 강낭콩 발아 실험을 하기로 했다. 아이들은 과학실에서 페트리 접시와 강낭콩 씨앗을 두 손으로 꼭 감싸 쥐고 조심조심 교실로 가져왔다. 남학생과 여학생이 각각 2개씩 맡아 키우기로 했단다. 학생들이 가장 흥미진진해 한 것은 옆 반과 우리 반 중 누가 더 빨리 발아시키는지 겨루는 일이었다. 흥분한 얼굴로 옹기종기 모여 강낭콩에 정성껏 물을 주는 아이들. 옆 반을 꼭 이기고 말 거라는 의지가 대단하다. 그 모습을 보고 있으니 나도 싹이 빨리 텄으면 하고 내심 바라게 됐다.

수업이 끝나고 교실을 정리하며 하루를 마무리하고 있었다. 퇴근 전 마지막으로 교실을 둘러보던 중, 아이들이 정성스럽게 물을 주던 강낭콩 접시들이 눈에 들어왔다. 그런데 이게 웬일인가? 솜이 바싹 말라 있었다. 오전에 분명 아이들이 물을 주었는데, 흠뻑 줘야 하는 걸 몰랐나 보다. '어, 이렇게 물을 주면 싹이 안 틀 텐데.' 순간 걱정이 앞섰다.

집에서 각종 씨앗을 발아시키고 식물을 기르는 취미가 있는 나로서는, 씨앗이 발아하기 위해서 충분한 수분이 필수라는 걸 잘 알고 있었다. 새싹 채소뿐만 아니라 토마토, 해바라기, 심지어 아보카도 씨앗까지 성공적으로 발아시켜 본 경험이 있지 않은가.

'아이들이 내일 와서 실망하겠구나. 게다가 옆 반과의 대결도 있는데….' 걱정스러운 마음에 솜이 흠뻑 젖을 때까지 물을 부어줬다. '내일이면 물을 머금은 강낭콩 껍질이 벗겨지기 시작하겠지?' 뿌듯한 마음으로 교실 문을 나섰다. 우리반 꼬마들이 얼마나 기뻐할지 상상해 보니 기분이 좋았다.

다음 날 아침, 평소보다 일찍 등교한 아이들은 제일 먼저 강낭콩부터 살폈다. 나는 느긋하게 커피를 마시며 아이들의 환호성을 기대하고 있었다. 그런데 아이들의 반응은 내 예상과 달랐다.

"이상하다. 어제는 이렇지 않았는데?" 수연이가 고개를 갸우뚱하며 말했다.

"맞아, 분명히 어제는 솜이 그냥 촉촉했는데 지금은 완전히 물에 잠겨 있어." 민성이도 당황한 표정이었다. 가장 놀란 사람은 하은이었다.

"어! 이 강낭콩은 물을 주면 안 되는 건데 솜이 다 젖어 있어!"

"악, 안돼. 이제 우리 실험 어떻게 해?"

"근데 누가 물을 준 거지?"

그랬다. 강낭콩 접시를 2개씩 주신 까닭은 물이 발아에 미치는 영향을 알아보기 위한 대조 실험이었던 것. 나는 그것도 모르고 모든 페트리 접시에 물을 줘 버린 것이다. 그것도 강낭콩이 반쯤 잠길 만큼 흠뻑. 아이들의 당황스러운 표정을 보니 정말 난감했다. 특히 옆 반과의 대결에서 꼭 이기고 싶어 하던 모습이 떠올라 점점 더 미안해졌다.

더는 숨길 수도, 모른 척할 수도 없었다. 나는 용기를 내어 아이들에게 말을 건넸다.

"얘들아, 그게 사실 선생님이 어제 물을 줬거든."

"선생님, 이거 물 주면 안 되는 접시예요!"

"너희가 물을 너무 적게 줘서 솜이 다 말라 있길래 그랬지. 대조 실험인 줄 모르고 선생님이 모두 물을 줘버렸네. 전담 선생님께 말씀드려서 바로 새로운 솜으로 갈아 줄게."

아이들의 실망은 쉽게 가라앉지 않았다. 특히 민성이의 원망 섞인 목소리가 나를 찔렀다.

"선생님. 이거 옆 반이랑 대결하기로 한 거란 말이에요."

그 말을 듣자 괜스레 몸이 쪼그라드는 기분이 들었다. 아이들 스스로 힘으로 해내도록 지켜봐야 했는데, 괜한 개입으로 배움의 기회를 빼앗아 버린 것이다. 각종 씨앗을 틔워내고 키웠던 식집사의 자부심에 오지랖을 부렸던 게 부끄러웠다.

"싹이 빨리 트는 게 대결 종목이니까 큰 문제는 없을 거야. 아이고, 미안해."

나는 황급히 젖은 솜을 걷어 내고, 강낭콩에 묻은 물기를 조심스럽게 닦아 냈다. 다행히 과학 선생님께서 새로운 페트리 접시와 강낭콩을 보내 주셨다. "아무 문제 없어요, 선생님. 아이들에게 대조 실험의 의미를 더 잘 설명해 줄 수 있을 거예요."

새로운 실험을 시작하며 아이들 스스로 전 과정을 책임지고 운영하도록 맡겼다. 며칠 뒤, 우리 반에서 기른 강낭콩 접시에서 작은 싹이 고개를 내밀었다. 교실은 기쁜 소란으로 어느 때보다 활기가 넘쳤다. 무엇보다 우리 반 강낭콩이 다른 반보다 먼저 발아했다는 사실이 아이들을 흥분시켰다.

아이들의 배움에는 실패와 시행착오도 포함되어야 한다. 어른인 내가 모든 것을 매만져 주려 할수록, 정작 아이들은 배움의 기회를 잃을 수도 있다는 사실을 절실히 깨달았다. 앞으로는 아이들 스스로 해낼 수 있도록 조금 더 기다려 주어야지. 오늘도 이렇게 하나 배운다.

 선생님의 마음 노트

실패는 작은 성공입니다

권영애의 『그 아이만의 단 한 사람』에는 이런 구절이 나옵니다. "실패는 작은 성공이거든. 작은 성공 백 개가 모이면 드디어 큰 성공이 되는 거란다. 그래서 이 세상에 실패라는 건 없는 거야."

실패를 작은 성공으로 받아들일 때, 아이들은 도전을 두려워하지 않게 됩니다. 조급한 마음을 내려놓고 한발 물러서서 아이만의 속도와 과정을 지켜볼 때, 아이와 교사 모두에게 성장의 순간이 찾아옵니다. 배움이 온전히 꽃필 수 있도록 곁에서 묵묵히 지켜보며 지지하겠다고 다짐합니다.

제발 한 놈이라도 날아가거라

생명이 자라는 교실

3학년 과학에는 '동물의 한 살이'라는 단원이 있다. 이 단원에서는 배추흰나비의 한 살이 과정을 관찰하고, 다른 동물들의 살아가는 모습도 함께 배운다. 배추흰나비의 한 살이 과정을 알아보기 위해서는 케일, 사육 상자, 방충망, 마지막으로 배추흰나비의 알이 필요하다. 3학년을 맡을 때마다 이런 준비물들을 챙기는 순간이면 나도 모르게 긴장이 되곤 했다.

알에서 부화한 애벌레가 이파리를 야금야금 뜯어 먹으며 번데기가 되고, 탈피한 나비가 하늘로 날아가는 순간을 얼마나 기다렸었던가. 통통하게 살이 오른 애벌레가 방충망을 따라 슬금슬금 기어올라 번데기가 되었지만, 기대는 무참히 깨지곤 했었다. 번데기는 바닥에 떨어져 생을 다하기도 했고, 간신히 탈피에 성공했지만 구겨진 날개를 펼쳐보지 못한 채 시들시들 죽어 가기도 했다. 그 모습을 지켜보며 어찌나 애가 타고 속상했던지. 죽은 나비를 땅에 묻어 주며 아이들의 실망한 얼굴을 보는 것도 고역이었다.

그렇기에 이번에는 제발 한 마리만이라도 날아가길 간절히 바랐다. 더도 말고 덜도 말고 딱 한 마리면 충분했다. 그런데 이상하게도 화분에는 애벌레가 한 마리밖에 보이지 않았다. '아침마다 학교에 오면 애벌레의 행방부터 찾는 아이들인데, 이놈이 무사히 날아갈 수 있을까?' 걱정이 슬금슬금 올라왔다. 방충망에 와글와글 모여서 바짝 붙어 있는 모습도 불안했다. 저러다 화분이 쓰러지면 한 마리뿐인 애벌레가 죽을 수도 있다는 비극적인 상상이 머릿속을 스쳤다. 결국 아이들을 진정시키고 자리에 앉혔다. 사실 오늘 가까이서 관찰하겠다며 서로 밀치다 다투기까지 했다. 방충망으로 기어오르던 애벌레가 보이지 않자 일어난 소동이었다. 과연 주말 동안 잘 버텨 줄지 모르겠다.

다행히 며칠 뒤, 애벌레는 몸을 고정하고 번데기로 변했다. 꼬물대던 작은 몸이 서서히 움직임을 멈추더니, 어느새 이파리에 단단히 매달린 채 가만히 있었다. 이때가 고비다. 제발, 제발 한 놈만이라도 날아가거라.
 나의 간절한 염원이 닿은 걸까. 기적 같은 순간이 찾아왔다. 애타게 기다리던 나비가 드디어 번데기를 뚫고 세상 밖으로 나왔다. 하얀 날개에 검은 점무늬가 선명한 배추흰나비가 이파리 위에 앉아 날개를 말리고 있었다. 이를 먼저 발견한 아이들이 일제히 소리를 질렀다. 그동안 바닥에 떨어져 썩어가는 번데기를 많이 봐왔던 터라 걱정이 컸는데 정말 다행이다. 축축한 날개를 펼치지 못하고 조심스럽게 움직이는 나비였지만, 그 눈부신 자태를 보는 것만으로도 충분히 신기하고 감사했다.
 "선생님, 지금 바로 나비 날려 보내 줘요."
 "아직 날개가 다 마르지 않아서 방충망을 열어도 날아가지 못할 거야.

조금만 더 기다려 주자. 나비가 날갯짓할 때까지만."
 수업을 마치고 사육장 안을 보니 나비가 날개를 펄럭이고 있었다.
 '와! 지금이다.'
 아이들이 하교하기 전에 때맞춰 날아오른 고마운 나비. 아이들을 창가로 모이게 하고 교실 창문을 열었다. 방충망이 열리자, 나비는 잠시 날개를 떨며 머뭇거리다가 이내 푸른 하늘을 향해 가볍게 날아올랐다.
 "안녕, 나비야!", "잘 가!", "건강하게 잘 살아!"
 아이들과 나는 하늘로 날아가는 나비를 향해 힘껏 손을 흔들었다. 소중한 친구를 배웅하듯 기쁜 마음으로 기꺼이 날려 보냈다. 우리는 나비가 보이지 않을 때까지 하늘을 올려다보았다.

 교실에는 이렇게 작은 생명의 기적이 일어난다. 주말을 보내고 와 보니, 심어 둔 강낭콩에는 벌써 꼬투리가 맺혀 있었다. 발아 실험을 위해 준비한 페트리 접시 속 강낭콩들도 떡잎을 틔우며 자라나고 있었다. 생명이 자라나는 과정을 지켜보며 아이들도 날마다 조금씩 성장해 간다. 매일 물을 주고, 관찰하며, 작은 변화에도 기뻐하면서 생명을 소중히 여기는 마음을 배운다.

 강낭콩과 나비를 키우며 얻는 것은 단순한 과학 지식만이 아니다. 아이들은 기다림의 가치를 배우고, 돌봄 속에서 책임감을 익히며, 모든 생명 앞에서 경이로움을 느낀다. 강낭콩 꼬투리에서는 수확의 기쁨을, 나비의 날갯짓에서는 설렘을 마주한다. 그렇게 아이들은 생명의 소중함을 온몸으로 배워 간다.

교실은 아이들의 몸과 마음이 함께 자라나는 특별한 곳이다. 생명이 숨 쉬고 꿈이 영그는 소중한 공간이다.

 **선생님의 마음 노트**

기다림과 희망, 그리고 다시 걷는 발걸음

기다림 끝에 맺힌 강낭콩과 하늘로 날아오른 나비를 바라보며, 아이들은 생명의 소중함을 배우고 저는 지친 마음을 조용히 다독이며 다시 하루를 살아낼 힘을 얻습니다. 교실은 오직 아이들만 자라는 곳이 아니었습니다. 아이들의 웃음과 반짝이는 눈빛 속에서, 저도 천천히 회복하며 다시 앞으로 걸음을 내딛습니다.

저는 그냥 매일매일 기뻐요

어린이날의 설렘

우리 반은 자신이 지금 느끼고 있는 감정과 이유를 서로 나누며 하루를 연다. 이 활동을 시작했을 때만 해도 아이들은 쭈뼛거리며 겨우 두어 명만 손을 들었다. 처음에는 자신의 마음을 드러내는 것이 어색하고 부끄러웠을 것이다. 하지만 이제 절반 이상이 차례를 기다리며 자신의 이야기를 하려고 한다. 기다리는 동안에 안달이 난 나머지 손을 내리지 못하고, 아픈 팔을 반대쪽 손으로 부축하면서 강렬한 눈빛을 보내는 아이도 있다.

"친구가 발표할 때는 손을 내리고 친구의 말에 귀를 기울여요." 몇 번이나 당부했지만 여전히 잘 지켜지지 않는다. 자신의 이야기를 빨리하고 싶은 마음을 억누르기엔 아이들의 인내심은 그리 오래가지 못한다. 연휴를 앞둔 금요일 아침이라 그런지, 대부분의 아이가 손을 들었다. 가장 먼저 민준이가 환하게 웃으며 말문을 열었다.

"저는 너무 설레요. 내일 가족이랑 캠핑하러 가거든요."
"와, 가족과 캠핑이라니 정말 좋겠다. 즐거운 연휴 보내고 와요."

민준이의 발표가 끝나자 수정이가 빠르게 손을 들었다.

"신나요. 엄마가 어린이날 선물을 사주기로 하셨거든요. 뭘 받고 싶은지 고민 중이에요." 수정이의 이야기에 아이들의 눈이 반짝였다. 여기저기서 받고 싶은 선물을 와글와글 이야기하고, 이미 받은 선물을 자랑하는 소리로 소란스러웠다. 교실 안에는 연휴에 대한 기대감이 가득 퍼졌다.

"신나고 신나고 신나요. 어린이날 기념으로 용돈을 받기로 했거든요. 평소보다 좀 더 많이 주신대요."라며 득의양양한 표정을 짓는 아이, "행복해요. 할아버지 댁에 가기로 했거든요. 거기 가면 맛있는 것도 많이 먹을 수 있고 용돈도 받을 수 있어요."라며 배시시 웃는 아이, "저는 행복하고 기대돼요. 아빠가 로블록스 게임을 하자고 했어요. 아빠가 평소엔 바쁘셔서 같이 못 했거든요."라며 신이 난 아이까지.

"저는 그냥 매일매일 기뻐요."라는 말에 웃음꽃이 피었고, "늦잠을 잘 수 있어서 좋아요."라는 솔직한 말에 아이들의 이야기가 한소끔 끓어올랐다. 이런 이야기를 듣다 보니 문득 부러운 마음이 들었다. 아이들의 순수한 기쁨과 쉽게 지치지 않는 에너지가 부러웠고, 가족과 함께 보낼 특별한 시간이 부러웠다.

"너희들은 어린이날이 있어서 좋겠다. 선생님도 어린이날 선물 받고 싶다."라는 말이 나도 모르게 툭 튀어나왔다. 순간 교실이 조용해지며 아이들이 날 쳐다봤다. 괜히 머쓱해서 "어린이날도 있고 어른의 날도 있으면 좋겠다."라고 덧붙이며 씩 웃었다. 그런 내 모습을 보고 혜지가 손을 번쩍 들며 대답했다.

"선생님, 선생님은 스승의 날 있잖아요!"

맞다. 스승의 날이 있다. '선생님은 그날에도 학교에 나와서 일하잖니.'라는 말이 목구멍까지 차올랐지만, 아이들과 함께하는 시간을 싫어하는 사람처럼 보일까 봐 말을 삼켰다. 아이들의 기대를 깨 버릴 순 없는 노릇이다.
"그러네, 스승의 날이 있구나. 선생님이 그걸 깜빡했네."

오늘은 자신의 마음을 나누는 데만 10분 이상 걸렸다. 아이들의 설렘 가득한 이야기를 들으며 뒤늦게 마음이 쓰였다. 연휴에 특별한 계획이 없는 아이들은 다른 친구들의 발표를 들으며 속상하지는 않았을까? 특히 몇 명의 아이가 눈에 밟혔다. 부모님과 떨어져서 할아버지, 할머니와 사는 아이, 바쁜 아빠와 둘이서 사는 아이, 부모님이 바빠 함께할 시간이 부족한 아이. 발표하지 않았던 아이들이 누구였는지 교실을 한 번 더 살펴보았다.

하교 시간이 다가오자 아이들의 들뜬 기분은 절정에 달했다.
"연휴 동안 너희들이 많이 보고 싶을 거야."
내가 조금 과장된 슬픈 표정으로 말하자 고맙게도 "저도 그래요."라고 맞장구를 쳐 준다. 이런 말을 들으면 마음속에 전구 하나가 밝게 빛난다. 손에 잡히는 물질적인 선물은 없지만, 아이들의 마음이라는 더 큰 선물을 받은 것만 같다.

사실 처음 우리 반 아이들을 만났을 때 걱정이 많았다. 수업 중에 자리에서 일어나 돌아다니거나 친구와 자주 부딪히는 아이도 있었고, 도무지 수업에 집중하지 못하고 애먼 딱풀과 지우개를 괴롭히는 아이들도 많았다. 다른 사람의 이야기를 끝까지 듣지 못하고 툭툭 끼어드는 아이들도 있었다.

하지만 시간이 지나면서 아이들도 조금씩 달라졌다. 계속 "예쁘다", "기특하다"라고 말하고 나니 정말 그런 모습들이 눈에 띄기 시작했다. 아이들은 마음을 열고 조금씩 변해갔다. 물론 여전히 힘든 날도 있지만, 이제는 그런 날들마저 의미 있게 느껴지기도 한다.

집에 가는 아이들 손에 달콤한 간식 꾸러미를 쥐여 주었다. "어린이날 선물이야!"하고 건네니 "선생님, 최고예요!", "사랑해요.", "감사합니다." 같은 말들이 쏟아져 나왔다.

"모두 즐겁고 안전한 연휴 보내고 와요." 내 인사에 교실이 떠나갈 듯 "네에에에에에!" 하고 함성을 지르는 아이들. 그 모습을 활짝 웃으며 바라보았다. 복도로 사라져가는 아이들의 발걸음이 평소보다 한결 가벼워 보였다. 아이들을 모두 보내고 조용해진 교실을 정리하며 혼자 웃었다. 내게도 4일간의 연휴가 기다리고 있다. 그동안 보고 싶었던 책도 실컷 읽고 오랜만에 친구도 만나야지. 앗싸, 연휴다!

선물은 마음을 전하는 언어입니다

아이들이 가장 싫어하는 어린이날 선물은 단연 책입니다. 제 딸은 이렇게 말하더군요. "책은 엄마가 원하는 선물이지 내가 원하는 선물이 아니잖아." 옷이나 신발 같은 실용적인 선물도 마찬가지입니다.

아이들이 원하는 선물은 어른이 미리 정해 둔 '좋은 것'이 아니라 자신의 관심과 욕구가 반영된 것, '내가 존중받고 있다'라는 느낌이 전해지는 것입니다. 선물은 존중의 마음을 전하는 매개체입니다. 아이의 목소리에 귀 기울이며, 그 마음을 가볍게 여기지 않는 어른이 되고 싶습니다.

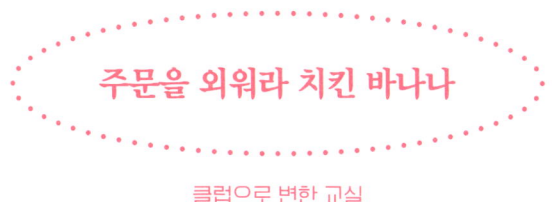

주문을 외워라 치킨 바나나

클럽으로 변한 교실

　창가로 스며든 햇살이 교실을 따뜻하게 물들이는 오후. 아이들의 표정은 그 따스함과는 정반대였다. 밥을 먹고 가장 졸린 시간이기도 하거니와 벌써 5교시째 이어지는 수업에 지친 기색이 역력했다. 축 늘어진 어깨, 문어라도 된 듯 의자에서 책상으로 기울어지는 흐물대는 몸. 시계를 흘깃흘깃 쳐다보는 눈동자가 곳곳에서 포착되었다.
　설상가상으로 나른한 분위기를 비웃기라도 하듯 복도에서 재미난 소리가 들려왔다. 옆 반에서는 잔치가 벌어진 모양이었다. 웃음소리와 함께 들려오는 영화 OST. 아이들은 자꾸만 고개를 돌려 문 쪽을 바라보며 부러운 얼굴을 했다. 쉬는 시간, 우리 반 아이들이 화장실을 다녀오는 길에 "우리 반 영화 본다. 가가볼도 했다!"라는 이야기를 듣고야 말았다. 눈치 없이 자랑하는 옆 반 친구들을 아이들은 그저 바라볼 수밖에 없었고, 풀이 죽은 모습이 역력했다. 그나마 다행인 건 창의적 체험활동 시간이었다는 것. 호국 보훈의 달을 맞이해 현충일의 의미를 되새기고, 나라를 위해 희생하신 분들을 기릴 수 있는 작품을 만들고 있었다. 만들고 꾸미는 활동을 좋아하는 아이들이라 특별히 불만을 나타내지는 않았다. 하지만 뒤쪽에 앉은 몇몇 아이들은 여전히 옆 반에서 들려오는 웃음소리에 귀를 기울이고 있었고, 그 모습을 지켜보고 있자니 괜히 신경이 쓰였다.

그때 문득 떠오른 것이 있었다. 음악 시간에 '우리 가족이 좋아하는 음악'에 대해 이야기하며 아이들에게서 받아둔 노래 목록이 있었지.
'지금이 바로 다 같이 음악을 감상할 시간이다!'
마음속으로 '이거다.' 외치며 서랍에서 종이 뭉치를 꺼냈다. 별다른 설명 없이 스피커의 볼륨을 조절하고 신청곡을 찾아 재생 버튼을 눌렀다. 조용했던 교실에 갑자기 음악이 울려 퍼지자 바로 반응이 왔다.
"어? 이거 내가 좋아하는 노래다!"
한 아이가 눈을 크게 뜨며 소리쳤고, 그 순간부터 교실 분위기는 180도 달라지기 시작했다. 작품을 만들던 손을 멈추고 화면을 바라보는 아이들. 여기저기서 엉덩이를 들썩이며 박자에 맞춰 몸을 흔들고, 춤추기 부끄러운 아이들은 노래를 따라 불렀다. 그 모습 하나하나가 너무나 사랑스러워 미소를 머금고 지켜보았다. 조금 전까지 흐물대던 모습은 온데간데없이 사라지고, 생기와 활력이 교실을 가득 채웠다. 아이들의 즐거운 표정을 보니 '이게 바로 내가 원했던 순간이다.' 싶었다.
너무 소란스러우면 조용히 작품을 완성하고 싶은 아이들에게 방해가 될 것 같아서 한 마디 덧붙였다.
"흥얼거리는 것까지는 괜찮아요. 하지만 작품을 만들지 않으면 앞으로 음악 감상은 없어요."

강한 선전포고에 아이들은 알겠다는 듯 각자 자리로 돌아가 고개만 까딱였다.

아이들의 신청곡 목록을 살펴보다가 내심 깜짝 놀랐다. 인기 가요는 물론 트로트와 일본 애니메이션 주제가까지 다양한 장르의 음악들이 적혀 있었다. 물론 아이들이 동요를 찾아 들을 거라곤 기대도 하지 않았지만, 나보다 가요에 더 빠삭하다니. 어떤 곡은 검색해 보기 전까지는 어떤 노래인지 전혀 알 수 없었다.

그중 유난히 눈길을 끄는 곡 하나를 발견했다. 바로 〈치킨 바나나〉였다. 다른 복잡하고 긴 제목들 사이에서 유독 단순하고 재미있는 이 제목을 보는 순간 '오, 이건 분명 동요겠구나.'라는 생각이 들었다. 아마 요즘 아이들 사이에서 유행하는 새로운 동요일지도 모른다고 짐작했다.

망설임 없이 〈치킨 바나나〉를 검색해 재생 버튼을 눌렀다. 하지만 내 예상은 완전히 빗나갔다. 스피커에서 흘러나온 건 내가 기대했던 밝고 아름다운 동요의 선율이 아니었다. 대신 강렬하고 중독성 있는 일렉트로닉 비트가 교실을 가득 채우기 시작했다.

"치킨 바나나 치킨 바나나 치킨 바나나 바나나 바나나"

단순한 가사가 반복되지만, 리듬과 비트는 정말 강렬했다. 평소 까불거리는 녀석들이 하나둘 자리에서 일어나더니, 마치 약속이라도 한 듯 일사불란하게 춤을 추기 시작했다. 그건 아무렇게나 추는 막춤이 아니라 마치 안무가 정해져 있는 것처럼 비슷한 동작을 반복하는 군무였다. '어떻게 이 춤을 다 알고 있지?' 속으로 놀라며 바라보는데, 제자리에서 춤을 추기에 무대가 좁았는지 아이들은 교실 앞으로 나와 더욱 열광적으로 몸을 흔들었다. 여자아이들도 가만히 있지 않았다. 남자아이들처럼 일어서서 춤추지는 않았지만, 자리에서 어깨를 흔들거나 리듬에 맞춰 몸을 움직이고 있었다. 평소 조용하던 아이들까지도 웃으며 치킨 바나나를 흥얼거리고 있었다.

'오 마이 갓!'
모두가 함께 치킨 바나나를 외치며 함박웃음을 짓는 모습은 정말 장관이었다. 잠깐이지만 아이들이 마음껏 춤추고 놀 수 있도록 음악을 끄지 않고 그대로 두었다. 이렇게 순수하게 즐거워하는데 멈출 수는 없지 않은가. 대신 휴대전화를 꺼내 이 사랑스러운 장면을 영상으로 담기 시작했다. 집에서 영상을 보니 교실에서 볼 때보다 훨씬 더 귀엽게 느껴졌다. 찍을 때는 몰랐지만 날 보며 손가락으로 브이 하는 여학생부터 박자와 맞지 않는 막춤을 추는 아이까지. 아이들 하나하나가 저마다의 방식으로 순간을 만끽하는 모습이 너무 사랑스러웠다. 물론 옆 반에서 하는 영화 감상이나 가가볼과 비교할 수는 없겠지만, 〈치킨 바나나〉가 선사한 기쁨과 열정적인 댄스 타임은 어떤 화려한 이벤트보다도 값지고 의미 있었다. 아이들도 함께 노래하고 춤췄던 그 순간을 오래 기억했으면 좋겠다. 아, 정말 잊지 못할 〈치킨 바나나〉의 추억이다.

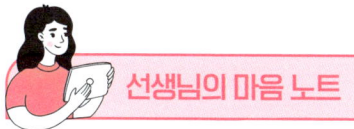 **선생님의 마음 노트**

예기치 않은 순간을 통해서도 배웁니다

교육은 때로는 완벽한 계획보다는 아이들과 함께 만들어 가는 즉흥적인 순간 속에서 더 빛을 발하는 것 같습니다. 아이들의 에너지와 순수함을 믿고 그들이 이끄는 대로 따라가 보는 것도 필요하다는 생각이 듭니다. 그래서 가끔은 아이가 좋아하는 음악이나 관심사를 함께 나누어 보려 합니다. 어른의 기준으로는 이해하기 어려운 것들이라도, 아이의 세계에 한 발짝 들어가 보면 새로운 즐거움과 소통의 기회를 발견할 수 있습니다. 때로는 계획에 없던 '치킨 바나나' 같은 순간이 잊지 못할 추억이 되기도 하니까요.

어쩌다 노래방

노래 너머 숨겨진 아이들의 진짜 마음

시작은 글쓰기였다. 마침 '내가 잘하는 것 3가지 소개하기'라는 주제로 글을 썼고, 우리 반 정현이가 자기가 노래를 잘 부르는데 친구들 앞에서 불러보고 싶다고 제안하는 게 아닌가. 오호. 넘치는 자신감과 여유 넘치는 표정을 보니 실력이 궁금해졌다. 알겠다고 했더니 대뜸 "마이크도 주사나요?"라고 호기롭게 묻는다. 암요. 그럼요. 마침 진도도 거의 다 나갔으니 제대로 한번 해 보라고 판을 깔아줬다.

정현이는 요즘 유행하는 가요를 불렀다. 본래 성량이 좋은 친구여서 마이크를 잡고 노래하니 무대를 완벽하게 자기 것으로 만들었다. 음정, 박자 모든 게 딱딱 맞아떨어지는 게 근거 있는 자신감이었구먼. 자신을 적극적으로 어필하고 기회를 만들어 나가는 모습을 보니 앞으로 뭘 해도 잘하겠다는 생각이 들었다. 모든 친구의 박수를 받으며 자리로 들어가는 모습을 보자, 다른 아이들도 앞다투어 자신의 끼를 펼치고 싶어 했다. 그렇게 교실은 노래방이 되었다.

노래 실력이 부족해도, 음정과 박자가 맞지 않아도 아이들은 용기를 내어 무대 앞으로 나와 마이크를 들었다. 유튜브에서 찾은 반주 음악이 시작되자 관중석의 아이들도 한목소리로 노래를 불렀다. 안 시켜 줬으면 아쉬워서 어쩔 뻔했나 몰라. 선생님도 한 곡 하시라고 빤히 쳐다보는데 웃으며 단칼에 거절했다. 아이들 앞에서 느닷없이 독창하려니 도무지 용기가 나지 않았다.

한 가지 염려되는 건, 〈난간〉이라는 노래를 아이들이 참 좋아한다는 것이었다. 노랫말은 이렇다.
"저는 무기력한 바람 빠진 풍선이네요. 꿈과 희망이란 단어를 쫓은 멍청이예요. 이미 후회해도 늦어 버린 머저리네요. 나도 내가 싫은데 누가 나를 좋아해. 자 해방이야 난간 위에 낙하."
대부분 아이가 따라 부를 정도로 열광적인 반응을 보였고, 한 명은 노래를 너무 좋아해 가사를 앞뒤로 빼곡하게 적어 외우고 다녔다. 이 노래를 듣고서 비슷한 경험을 한 이들은 위로를 얻기도 하겠지만, 우리 반 아이들이 즐겨 부르는 모습을 보니 가슴이 덜컥 내려앉았다.
'아이들이 무기력하고 절망적인 감정에 공감하는 걸까? 고작 인생 10년 산 아이들이 정말 이 정도로 힘든 마음을 안고 있었던 걸까?' 싶어서 합창하는 모습을 웃으며 바라볼 수 없었다. 노래가 끝나고 조심스레 물어보았다. 이 노래를 좋아하는 이유가 뭐냐고, 너희도 이런 마음인 적 있었냐고. 아이들은 멜로디가 좋고 흥겨워서 좋다고 했지만 한 아이는 공감돼서 좋아한다고 밝혔고 어떤 아이는 다른 가요에서는 볼 수 없는 가사여서 좋다고 했다. 조금 흥분한 듯 "진짜 죽고 싶었던 적이 있었어요."라며 말을 이어가는 아이를 걱정스러운 눈으로 바라보았다. 너희도 마음이 많이 힘들었던 순간이 있었구나.

　우리가 매일 듣고 주고받는 말들이 마음에 씨앗을 뿌리고 자라나니까, 아이들이 가능하면 좋은 것, 바른 것, 아름다운 것만 듣고 불렀으면 좋겠다. 가사처럼 극단적인 선택지가 있다는 것을 아이들이 몰랐으면 좋겠다. 꿈과 희망을 품는 건 바보 같은 게 아니라 정말 가치 있는 일이라고, 힘들어도 결국 해낼 수 있다는 믿음을 가졌으면 해서 걱정 어린 말을 잔뜩 쏟아내고 말았다. 아이들은 "선생님, 저희가 그럴 리는 없잖아요. 걱정하지 마세요." 손사래를 쳤지만, 자신을 멍청이라 말하는 노래를 너무도 환하게 웃으며 부르는 모습이 계속 어른거려 마음이 편치 않았다.

　아무튼, 너희는 세상에 단 하나뿐인 소중한 존재라는 것을 자주 말해 주어야겠다. 자신을 아끼고 사랑해야 한다고 늘 이야기해 주고 싶다. 꿈꾸고 희망을 품으면 자신이 바라는 모습으로 살아갈 수 있다는 것을 잊지 말라고 계속 전해 주고 싶다. 우리 아이들이 언제까지나 꿈꾸며 자랐으면 좋겠다.

선생님의 마음 노트

다정한 말이 아이의 세상을 바꿉니다

아이들의 세계는 우리가 생각하는 것보다 훨씬 섬세하고 깊습니다. 그 세계를 만드는 것은 다름 아닌 '말'입니다. 아이들이 매일 듣는 말들은 작은 씨앗처럼 마음에 심어집니다. 어떤 말은 따뜻한 햇살이 되어 자존감을 키워 주고, 어떤 말은 차가운 바람이 되어 움츠리게 만듭니다. 다정한 눈빛과 건네는 한마디가 아이의 마음에 어떤 울림을 남길지 생각해 봅니다. 아이의 세상에 따뜻한 빛이 되는 아름답고 희망찬 말을 들려주고 싶습니다. 아이들에게 전하는 말들이 제 마음에도 햇살처럼 스며들어, 상처받은 마음을 조용히 어루만져 준다고 믿습니다.

2부

아이들도 선생님도, 실패해도 괜찮아

"이렇게 하나 배웁니다"

푸릇푸릇한 만남

아이들과 나눈 향긋한 하루

 마을 기부 수업으로 다양한 허브 식물을 체험하는 날이었다. 아침 일찍부터 정성스럽게 준비해 두신 화분 덕분에 딱딱한 시멘트 바닥이 작은 온실로 변했다. 아이들이 오기 전부터 공기 중에 감도는 은은한 허브 향에 기분이 좋아졌다.

 강사님께서 준비해 주신 허브는 로즈메리, 바질, 애플민트, 장미 허브까지 다양했다. 아이들은 조심스럽게 각각의 허브 향을 맡아 보며 학습지에 선호도를 기록하고 잎의 모양을 따라 그렸다. 가늘고 뾰족한 바늘 모양 로즈메리잎, 둥글넓적하고 부드러운 바질, 동글동글하면서도 가장자리가 들쭉날쭉한 애플민트잎까지. 아이들처럼 저마다 다른 개성을 가진 모습이다.

 허브마다 향을 맡는 방식도 제각각이었다. 어떤 식물은 잎에 있는 기름 주머니 때문에 손으로 문질러야 진한 향기가 났고, 어떤 것들은 살짝 어루만지기만 해도 은은한 향기가 퍼졌다. 아이들의 반응도 각양각색이었다. 지호는 허브 냄새를 맡고는 "이상해요! 웩."이라며 토하는 시능을 했고, 민희는 "화장품 냄새 같아요."라며 좋아했다. 나보다 훨씬 성능 좋은 새 코를 가진 아이들이라 그런지 허브 향에 대한 반응이 생생했다. 흥미롭게도 유독 애플민트 향을 좋아하는 아이들이 많았다. 아마도 모히토를 만들 때 쓴다는 설명을 들었기 때문일 것이다. 아이들은 상큼한 음료를 떠올리며 입맛을 다셨다. 로즈메리가 고기를 구울 때 쓰인다는 이야기를 듣자 "한 번 뜯어먹어 봐도 되나요?"라고 묻기도 했다. 분명 고기가 먹고 싶었던 거다.

강사님께서는 각 허브의 특징과 키우는 법을 알려 주셨다. 특히 장미 허브는 잎을 뜯어 흙에 꽂기만 해도 잘 자란다는 설명에 아이들이 무척 신기해했다. 그 말을 듣는 순간, 내가 키우는 화분이 떠올랐다. 우리 집에 있는 장미 허브는 너무 웃자라 보기 싫은 부분을 싹둑 잘라 냈는데, 버리려던 잎들을 둘째가 몰래 화분 구석구석에 심어 놓았다. 그랬더니 세상에, 온갖 화분이 장미 허브 천지가 되어 버렸다. 몬스테라, 올리브, 다육식물, 극락조, 심지어 수경 재배하는 파키라까지 장미 허브가 빼꼼 고개를 내밀고 있었다. 타는 내 속도 모르고 장미 허브를 찾으며 깔깔대는 딸아이. 무서운 번식력 때문에 다 뽑아 버리고 싶었지만, 신난 표정을 보니 차마 그럴 수 없었다.

내 이야기를 들은 아이들은 장미 허브를 받은 친구들을 부러워했다. 아차, 장미 허브 이야기만 했구나 싶어 서둘러 다른 화분들도 키우기 쉽다고 알려 주었다. 작은 잎을 떼어 내 물꽂이하면 뿌리를 내려 여러 개의 화분을 만들 수 있다는 말에, 그제야 안도의 미소를 지으며 자기가 심은 화분을 사랑스러운 눈으로 바라보았다.

토기 화분에 심긴 허브들이 아이들의 손길 아래 무럭무럭 자라나길 바란다. 화분 돌봄이 부모님의 몫으로 돌아갈 것 같은 노파심이 들지만, 뿌듯한 마음으로 화분을 들고 가는 아이들의 뒷모습이 참 예쁘다. 작은 식물을 통해 생명을 끝까지 돌보고 책임지는 마음을 길러 나갔으면 좋겠다. 한 아이는 자기 방이 향기로 가득 찰 것 같다고 들뜬 얼굴로 말했다. 그 순수한 기대감에 내 마음까지도 흐뭇해졌다.

온종일 교실에 머물렀던 허브 향기가 아직도 손끝과 옷에 남아 있는 듯했다. 작은 허브 화분 덕분에 오늘 하루는 향기로운 기억으로 가득 찼다. 아이들이 이 향기로운 순간을 오래도록 간직해 주었으면 좋겠다. 각자의 방에서 퐁퐁 피어나는 허브 향처럼 작은 기쁨들이 매일 피어나기를 바란다. 지나가다 오늘 배운 허브를 보게 되면 아는 체도 해 보렴.

 선생님의 마음 노트

허브와 함께 자라는 마음

식물은 기다림과 관심을 통해 변화를 보여 주는 조용한 친구입니다. 집으로 가져간 허브를 돌보며 생명의 소중함과 작은 성취의 기쁨을 느꼈으면 좋겠습니다. 오늘의 초록 향기가 아이들 마음속에 책임감과 따뜻함으로 오래 남길 바라며, 앞으로 아이들이 들려줄 초록 이야기들도 기대합니다.

선생님, 100살이에요?

선생님의 증언

 초등학교 3학년 교과서에는 '일상에서 만나는 과거'라는 단원이 있다. 이 단원에서는 우리 주변의 오래된 물건과 자료, 그리고 어르신들의 생생한 증언을 통해 옛날 사람들의 생활 모습을 살펴본다. 그 후 옛 생활상을 보여주는 물건들로 전시관을 직접 꾸며보며 활동을 마무리한다.
 '오래된 물건'이라고 하면 나는 늘 빨랫방망이나 짚신, 호롱불처럼 민속촌에서 볼 수 있는 물건들을 떠올렸다. 나에게 옛날이란 곧 전기가 들어오기 전, 조선시대 쯤을 뜻했으니까. 그러나 교과서는 내 예상과 달랐다. 예시로 등장한 물건들 모두 내가 어린 시절에 익숙하게 보아 왔던 것들이었다. 네모난 빨간 책가방, 할머니의 재봉틀, 교실에서 한쪽에서 울려 퍼지던 풍금. 아이들은 호기심 가득한 눈으로 사진을 바라보았고, 나는 반가운 마음에 연신 추억을 늘어놓았다. "어! 저거 내가 쓰던 건데.", "얘들아, 선생님 교실에서 풍금 반주자였잖아. 음악 시간마다 선생님이 풍금 반주하면 친구들이 따라 부르곤 했어."
 라디오에서 좋아하는 노래가 나오면 재빨리 카세트테이프를 들고 가

녹음했던 경험을 들려주었다. 덮어쓰기 실수로 아끼던 노래를 지워버렸다는 말에 아이들은 나를 마치 오래된 책 속에서 튀어나온 사람처럼 바라봤다.

"선생님. 도대체 몇 살이에요?"
"선생님, 혹시 100살이에요?"

아이들의 장난스러운 물음에 웃음이 터졌다. 교과서 속 참고 자료는 이게 끝이 아니었다. 옛 신문에 실린 텔레비전 편성표, 피아노 학원에서 교습을 기다리며 즐겨보던 〈어린이 동산〉의 표지까지 떡하니 실려 있었다. 나는 책장을 건너뛰고 만화만 봤던 추억을 떠올렸고, 아이들에게 그때의 이야기를 들려주었다. 연신 "우와!"를 외치는 녀석들. 자꾸 놀라는 반응을 보이니 내가 마치 오랜 세월을 살아온 호호 할머니라도 되는 것 같잖아.

내가 생각하는 '옛날'과 아이들이 생각하는 '옛날'은 이렇게 거리가 멀었다. 내게는 어제같이 생생한 기억이, 아이들에게는 역사책 속 먼 이야기였다. 물리적으로는 모두 같은 속도로 시간이 흐르지만, 나이가 들수록 체감하는 세월은 훨씬 빨라진다. 그 시간이 쌓여 만들어 낸 경험과 기억의 무게도 다르다는 걸 새삼 느꼈다.

아이들은 나의 살아 있는 증언에 귀를 기울였다. 간혹 "저희 엄마도 어릴 때 그랬대요."라고 맞장구를 쳐주는 어린이가 있어 얼마나 고마웠는지 모른다. 나 혼자만 시대에 갇힌 유물로 남을 순 없지. 격세지감을 느끼면서도 사회 변화 속도가 그 어느 때보다 빨라지고 있어서 30년 뒤 나는 정말 시대에 뒤처진 할머니가 되어 있을지도 모르겠다. 나이 들어서도 "내는 모른다."를 외치며 익숙한 것만 고집하는 할머니가 되고 싶진 않은데, 벌써 아이들이 공유하는 문화에 점점 멀어지는 것 같아 괜히 울적했다.

단원의 하이라이트는 뭐니 뭐니해도 전시관 꾸미기였다. 아이들에게 집에서 오래된 물건이나 애장품을 가져오라고 하자 질문이 쏟아졌다.
"선생님, 물건이 없으면 사진도 괜찮아요?"
"우리 집에 있는 오래된 시계 들고 와도 돼요?"
"제 애착 인형도 가져와도 돼요?"
"여러분이 지금 말한 것 모두 다 괜찮아요. 단, 값비싼 물건이나 크고 무거운 건 안 됩니다. 그리고 며칠 전 산 장난감은 금지." 뭘 가져올지 고민하는 심각한 표정이 귀여워서 웃음을 참느라 혼났다.

대망의 전시회 날 아침. 교실은 자신이 가져온 물건을 자랑하느라 후끈 달아오른 열기가 쉬이 가시질 않았다. 엄마의 오래된 일기장, 삐삐, 낡은 휴대전화, 자신이 입었던 배냇저고리, 1970년대 오 원짜리 동전, 1980년대 우표 모음집, 오래된 엽서들은 나의 향수를 자극하기에 충분했다. 아이들의 감탄사도 끊이지 않았다.
'아니지, 지금은 아침 독서 시간이야.'
뒤늦게 정신을 차린 선생님은 아이들에게 짐짓 근엄한 표정을 지으며 전시회 물건은 사회 시간에 꺼내는 거라고 알려 주었다. '너희의 마음은 충분히 이해한단다. 선생님도 이렇게 신이 나는걸.'
물건을 챙겨 놓고 가져오지 못한 우리 반 깜빡이들과 뭘 가져올지 몰라 빈손으로 덜렁덜렁 온 슬픔이들의 얼굴이 금방이라도 눈물을 떨어뜨릴 것같이 아쉬움으로 가득했다. 친구들이 가져온 물건을 보며 얼마나 부러웠을까, 자신도 뭔가 보여 주고 싶었을 텐데 말이다. 그 모습이 안쓰러워 내일이라도 가져와서 친구들에게 보여 줘도 된다고 했더니 그제야 마음 놓고 웃었다.

나는 시어머니의 할머니 때부터 전해 내려오던 오래된 놋숟가락을 가져왔다. 전시품 옆에 '냄새를 맡아도 좋아요.'라고 적어 두었더니, 아이들이 다가와 이리저리 만져 보고 킁킁대며 냄새를 맡았다. "좀 이상하게 생겼어요.", "와, 진짜 냄새가 좀 이상해요." 신기하다는 듯 눈을 반짝이는 아이들.

만지면 안 되는 물건들에는 빨간 글씨로 '눈으로만 보세요.'라고 적어 두었다. 다행히 아이들도 약속을 지키며 전시물을 관람했다. 우리 집에도 있는데 가져올 걸 그랬다며 아쉬워하는 모습, 신기해하는 모습, 자신이 가져온 물건을 좀 더 많은 친구에게 보여 주고 싶어 하는 자부심, 소중한 인형을 친구가 함부로 만지는 것 같아서 속상해하는 얼굴까지 모두 올망졸망 예뻤다. 사회책에 기록하면서 관람해야 했지만, 몇몇 아이들은 이미 나의 말은 까마득히 잊어버린 채 오로지 전시에만 열중했다.

아이들에게는 이 모든 과정이 다 교육이다. 생생하게 살아 있는 교육인 셈이다. 교과서 속 글자로만 접했던 과거가 이렇게 손에 잡히는 현실이 된 순간, 아이들의 눈빛은 달라진다. 수업이 끝나고 나서도 질문과 이야기로 떠들썩했다.

퇴근 후 오늘 하루를 되돌아보니 웃음이 났다. 수업을 통해 나이를 실감하면서도, 동시에 내 경험이 아이들에게 소중한 역사 수업의 일부가 되었다는 사실에 뿌듯했다. 언젠가 너희들도 어른이 되면 아이들에게 너희의 경험을 들려주렴. 먼 미래에는 세상이 어떻게 바뀌어 있을지 모르니 말이야. 그때 오늘 나눈 수업이 미소로 떠올려지면 좋겠다.

 **선생님의 마음 노트**

오래된 물건에 담긴 이야기

아이들이 가져온 오래된 물건들은 저마다의 시간과 이야기를 품고 있었습니다. 낡은 인형, 빛바랜 우표, 버튼이 닳은 핸드폰 속에는 그 시절의 공기와 집 안을 가득 채우던 소리가 깃들어 있었습니다. 저에게는 아직도 어제처럼 선명한 것들이, 아이들에게는 역사 속 보물이 되어 있었지요. 집에서도 아이와 함께 '우리 집의 오래된 물건들'을 꺼내 놓고 이야기를 나눠보면 어떨까요? 이런 물건들은 가족의 역사이면서 동시에 마음을 이어주는 다리가 될 테니까요.

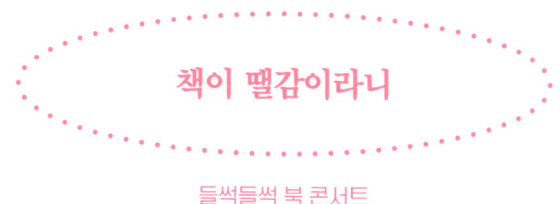

책이 땔감이라니

들썩들썩 북 콘서트

아침에 출근하면 컴퓨터를 켜고 교실 환기를 시킨다. 어떤 공문이 왔는지 확인하고 있는데 멀리서 재미난 목소리가 들렸다. 마치 만화영화를 더빙하는 성우 목소리 같았다. '북 콘서트 날이니 강사님이 일찍 도착하신 걸까?' 혼자 이런 추측을 하고 있는데 우리 반 남학생 두 명이 땀을 뻘뻘 흘리며 교실 문을 열었다. 들어오자마자 내게 하는 말.

"저는 사채업자가 아니에요. 친구들의 수업을 진행하러 온 착한 선생님이에요."

두 녀석은 작가님의 말투를 흉내 내며 깔깔 웃었다.

"응? 작가님께서 진짜 그렇게 말씀하셨다고?"

"진짜 딱 이렇게 말씀하셨어요. 북한에서 오신 분인 줄 알았다니까요."라며 흥분을 감추지 못하는 녀석들. 거기에 덧붙인 한마디가 정말 웃겼다.

"아, 이것이 남자의 삶."

짐 드는 걸 도와드렸다고 이것이 남자의 삶이라니. "풉" 하고 터진 웃

2부 아이들도 선생님도, 실패해도 괜찮아

음에 누가 누가 선생님을 더 웃기나 경쟁이 붙었다. 아이들의 목소리는 점점 더 우스꽝스러워졌고, 나중에는 도라에몽 목소리로 성대모사까지 했다. 낄낄거리는 아이들의 손에는 곱게 포장된 간식 꾸러미가 들려 있었다. 강사분들이 보통 작은 사탕 하나쯤 준비해 주시는 것과는 달랐다. 저렇게 포장하려면 시간이 한참 걸렸을 텐데. 어느 때보다 신난 아이들을 보며 '도대체 어떤 분이실까?' 궁금해졌다.

작가님은 책을 노래로 만들어 사람들에게 들려주는 일을 하고 계셨다. 직접 작곡한 쉽고 경쾌한 멜로디와 예쁜 노랫말을 모두 즐겁게 따라 불렀다. 특히 1학년 아이들이 종알거리는 목소리로 형님들 목소리에 묻힐세라 열심히 따라 부르는데 어찌나 귀엽던지. 책을 미리 읽지 않은 아이들도 자연스럽게 참여할 수 있도록 이끌어주셨고, 덕분에 강당이 들썩거렸다.

노래만 따라 부르는 것이 아니라 중간중간 재미난 퀴즈 풀기, 책 속 장면 실감 나게 낭독하기, 책으로 랩 하기, 나와서 신나게 춤추기 같은 다양한 활동에 참여하다 보니 시간이 금방 갔다. 작가님께서 준비한 정성 가득한 간식 덕분에 아이들은 더욱 열정적으로 참여했다. 있는 힘껏 손을 번쩍 들며 자기를 뽑아 달라고 아우성치는 아이들을 보니 괜히 내가 엄마가 된 듯 뿌듯했다. 뭐든 열심히 하는 모습을 보면 그렇게 흐뭇할 수가 없다.

레크리에이션 강사 뺨칠 정도로 무대를 장악하는 작가님의 에너지에 계속 감탄할 수밖에 없었다. 그저 직업상 의무가 아니라 책 읽는 재미를 전하는 일을 진심으로 즐기고 계셨다. 땀으로 범벅이 되어도 행복해 보이는 얼굴. 그 열정이 아이들에게 고스란히 전해졌다.

　작가님의 노력만큼 아이들도 책 읽는 재미를 알아가면 좋겠는데, "책이란 ○○이다"라는 대답을 듣는 순간 머리가 지끈거렸다. "책은 땔감이에요. 제가 좋아하는 과학책 말고는 모두 땔감으로 썼으면 좋겠어요."
　그전에 발표한 친구들도 "책은 책이다.", "책은 종이다."라는 답변을 내놓아서 괜히 초조했는데, 이 녀석이 마지막 방점을 찍었다. 작가님은 이런 상황이 익숙하신 듯 "아, 활활 태워서 마음을 따뜻하게 만드는 땔감 같다는 거죠. 잘했어요."라고 정리하셨다.
　그래도 그렇지 땔감이라니. 아니, 땔감이라니….

　우리 반 아이들만 봐도 대부분 책을 좋아하지 않는다. 이런저런 보상을 걸어 보아도 줄곧 책을 꾸준히 읽는 아이는 반에서 5명을 넘지 않는다. 두 달에 한 번 정도는 온 책 읽기 활동을 하며 책에 흥미를 느낄 수 있도록 노력하고 있지만, 게임과 짧은 영상에 익숙한 아이들에게 책 읽기는 어른들이 시켜서 하는 지루한 일이 된 것 같아 안타깝다.
　그래서일까. 아이들이 읽고 있는 『흔한 남매』 시리즈만 보면 이상하게 화가 난다. 그 책을 좋아하는 아이들을 탓할 수는 없지만, 도서관에 꽂힌 소외된 책들을 보면 씁쓸해진다. 좋은 어린이책도 참 많은데 인기 있는 유튜버들을 소재로 한 책, 판타지적 요소가 가미된 책 위주로 팔리는 게 요즘 추세이니 말이다. 시대의 흐름이 그렇다고 스스로 다독여 보지만 어쩔 수 없는 아쉬움이 남는다.

아무쪼록 작가님께서 오랫동안 많은 아이에게 책 읽기의 재미를 선사해 주셨으면 좋겠다. 학생 중 몇 명이라도 좋으니 이번 콘서트를 계기로 독서의 즐거움을 알아갔으면 좋겠다. 매일 아침 게임 이야기는 그만하고 책 좀 읽자, 얘들아. 제발.

 선생님의 마음 노트

책으로 나만의 세계를 키워 갑니다

'글'과 '그림'은 모두 '긁다'에서 나온 말입니다. 뾰족한 도구로 흔적을 새기는 행위에서 시작되어, 글씨를 긁으면 글이 되고 모양을 긁으면 그림이 됩니다. 마음속 무언가를 그려 내는 '그리움'까지, 모두 한뿌리에서 나온 형제 같은 말입니다. 독서는 단순히 책을 읽는 것이 아닙니다. 아이들의 마음속 감춰진 부분을 긁어내고, 알아채지 못했던 감정을 발견하는 과정이에요. 책을 통해 자신만의 세계를 그려가는 아이들을 보면, 독서가 얼마나 깊이 있는 경험인지 새삼 깨닫게 됩니다.

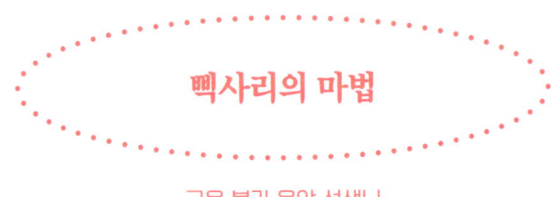

고음 불가 음악 선생님

"어떻게 수업하길래 우리 반 애들이 다 음악 선생님이 재밌다고 하는 거야? 우리 학교 선생님을 소개하는 글에 음악 선생님 이야기가 되게 많더라."

같은 학년 선생님의 한마디에 벌게진 얼굴을 하고 씩 웃었다. 내 수업이 재밌다니, 다른 선생님으로부터 이런 칭찬을 듣는 것도 나쁘지 않구먼. 이런 칭찬의 배경에는 나만의 특별한 비법이 숨어 있다.

고학년 음악을 맡게 되면 겪는 어려움 중 하나는 아이들이 노래를 부르기 싫어한다는 것이다. 물론 자신이 좋아하는 아이돌의 노래는 예외다. 최신 가요는 완벽하게 따라 부르면서도 정작 음악 시간에는 입을 꾹 다물어버린다. 교과서의 노래가 재미없다고 생각하는 건지 유치하다고 생각하는 건지, 무거운 입을 떼게 만드는 일은 쉽지 않았다.

더 큰 문제는 교과서에 수록된 노래의 음정이 지나치게 높다는 점이다. 변성기를 겪고 있는 고학년 남학생들에게는 고음이 특히 부담스러웠다. 목소리도 갈라지기 일쑤라 부르는 걸 꺼리는 게 당연할지도 모른다. 주변의 시선을 의식하는 시기다 보니 여학생들도 입만 벙긋거릴 뿐이었다.

 게다가 요즘 교실에는 예전처럼 풍금이 없고, 피아노도 찾아볼 수 없다. 공간 제약 탓에 수업 대부분은 음악실이 아닌 일반 교실에서 이루어졌으며, 나는 음악책과 USB를 챙겨 교실을 옮겨 다니며 수업했다. 대신 컴퓨터로 제재곡을 들려주고 아이들과 함께 노래를 익혔다.
 하지만 미디어의 도움만으로 제재곡의 음정과 박자를 정확히 따라 하기란 어려웠다. 어릴 때부터 악기를 배워서 음감을 익힌 아이들은 곧잘 따라 했지만 그렇지 못한 아이들은 제멋대로 노래를 불렀다. 노래를 반복 재생하며 따라 부르게 했지만, 잘못된 음정과 박자를 그대로 반복하는 모습을 보고 있자니 답답함이 밀려왔다. 결국 참지 못하고 컴퓨터에서 노래를 꺼 버렸다.
 "자, 선생님이 부르는 노래를 듣고 따라 불러 보세요." 떨리는 마음을 억누르고 아이들 앞에서 직접 노래를 불러주기 시작했다. 아이들은 선생님의 생생한 목소리에 더 집중했다. 한 마디씩 끊어 부르게 하다가 점차 두 마디, 네 마디로 늘려가니 금세 음정이 잡혔다. 무엇보다 학생들이 능동적으로 참여하기 시작했다. 스피커에서 흘러나오는 완벽한 음원보다 눈앞에서 숨 쉬며 노래하는 선생님의 목소리가 더 친근하고 따라 부르기 쉬웠던 것 같다.
 하지만 앞서 말했듯 교과서 제재곡의 음정은 만만치 않았다. 아이들의 음정을 잡아주겠다며 "잘 들어보세요."하고 시창을 하다가 그만 소위 말하는 삑사리가 나고 말았다. 곡의 하이라이트에서 목소리가 갈라지며 우스꽝스러운 소리가 울려 퍼졌고, 아이들은 여기저기서 키득거렸다. 부끄러울수록 오히려 뻔뻔하게 나가야 했다.

"어우, 애들아. 음이 되게 높다. 따라 부른다고 힘들었겠어요. 자, 다시 불러 봅시다."

이번에는 제대로 불러주리라 마음먹고 문제의 구간을 다시 들려주었다. '이번에는 삑사리를 내지 않고 가성으로 불러 주겠어.' 진성과 가성을 넘나들며 노래를 불렀더니, 마치 예전 '고음 불가' 코미디 프로그램의 희극인이 된 듯했다. 학생들은 그런 내 노래를 듣자마자 아예 대놓고 웃음을 터뜨렸다. 그러거나 말거나 나는 계속 따라 부르게 했고, 아이들은 어느 때보다 열심히 불렀다.

그 후로도 나는 꿋꿋이 아이들 앞에서 긴장되는 마음을 숨기고 노래를 불렀다. "아이, 그렇게 부르는 게 아니에요. 잘 듣고 따라 해 보세요." 하고 큰 소리로 불러주었다. 그때마다 학생들은 언제 선생님이 삑사리를 낼 것인지 흥미진진한 얼굴로 지켜보았고 음악 시간의 참여율은 폭발적으로 올라갔다. 선생님도 음 이탈할 때가 있는데 뭐 어떠랴. 저렇게 열심히 손뼉을 치면서 앞에서 노래하는 선생님의 모습이 아이들에게 큰 동기부여가 되었다. 고음 공격이 이어지는 노래는 나도 아이들도 부르다가 멈칫할 때가 있어 키를 낮춰 부르기도 했다. 학생들은 그런 헐렁한 모습의 선생님과 함께하는 걸 즐거워했다. 교과서 제재곡도 재미있을 수 있다는 걸 선생님의 삑사리를 통해 배운 셈이다.

완벽한 모습만 보여 줘야 한다고 생각했다면, 차마 학생들 앞에서 노래를 부르지 못했을 것이다. 그런 나와의 수업을 즐겁다고 말해 준 학생들에게 고마운 마음이 들었다. 나도 부를 수 있다는 자신감을 얻고, 음이탈이 나도 열심히 참여하는 게 더 중요하다는 걸 배웠으니 그것만으로 충분하다.

 선생님의 마음 노트

불완전함 속에서 가능성이 피어납니다

'텅 비어 있어서 더 충만하고 불완전한 덕분에 더 아름답다. 나답게 산다면 그걸로 충분하다.'

노자는 『도덕경』에서 비어 있음과 부족함 속에 진정한 아름다움이 깃든다고 말했습니다. 저는 불완전한 모습을 드러내면서 오히려 더 나답게 될 수 있었고, 그런 모습 덕분에 아이들에게 가까이 다가갈 수 있었습니다. 빈 공간에서 새로운 가능성이 채워지듯, 완벽하지 않은 나를 온전히 받아들이며 느끼는 자유가 나다운 삶의 핵심입니다. 부끄러움도 책망도 내려놓고, 나 자신과 당당히 마주하며 살아가고 싶습니다.

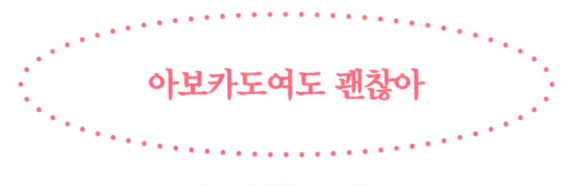

아보카도여도 괜찮아

있는 그대로 충분해

『나에겐 비밀이 있어』라는 이동연 작가의 그림책을 아이들과 함께 읽었다. 겉으로는 망고처럼 보이지만 사실은 아보카도인 주인공의 이야기를 담은 책으로, 과일 캐릭터들의 모습이 귀여워 내가 좋아하는 그림책 중 하나다. 교과서와는 달리 그림책은 펼치는 순간부터 교실의 공기가 달라진다. 아이들의 반짝이는 눈빛을 볼 수 있기에, 그림책을 읽어 주는 순간이 참 좋다.

아보카도는 울퉁불퉁하고 못생긴 자기 외모가 싫어 매일 망고로 변장하고 다니며 친구들에게 정체를 숨긴다. 노랗고 말간 망고가 실제로는 울퉁불퉁 아보카도라는 장면을 본 몇몇 아이들은 "윽, 못생겼다.", "어! 어떻게 변장한 거지?"라며 솔직한 반응을 보였다. 아보카도의 진짜 모습을 본 아이들의 첫 반응이 "못생겼다."라니. 악의 없는 순수한 반응이지만 이런 말은 상처가 될 수 있다.

갑자기 날씨가 흐려지면 빗물에 분장이 씻겨 내려갈까 봐 놀지도 못하고 서둘러 집으로 향하는 아보카도. 진짜 자기 모습을 숨기고 살아가는 아보카도의 생활이 얼마나 피곤할까.

 그러던 어느 날 신나게 자전거를 타던 수박이 친구들과 부딪치면서, 수영을 못하는 체리가 물에 빠지게 된다. 아보카도는 체리를 구하고 싶지만, 자신의 정체가 드러날까 봐 잠시 망설인다. 그러나 곧 용기를 내어 물속으로 뛰어든다. 이 장면에서 아이들의 반응이 가장 뜨거웠다. "망고가 뛰어들었어!", "체리는 괜찮아?"하는 걱정하는 목소리가 여기저기서 흘러나왔다. 아보카도가 망설이는 짧은 순간 아이들은 숨을 죽이며 지켜보았고, 용기를 내 친구를 구할 때는 응원의 박수를 보냈다. 진정한 용기란 두려움이 없는 상태가 아니라, 두려움을 느끼면서도 옳은 일을 선택하는 것임을 알려주는 순간이었다.

 망고로 변장하고 다녔다는 사실이 들통나 도망치려는 아보카도에게 친구들은 "네가 망고든 아보카도든 우리 친구야."라며 다정하게 다가간다. 친구들의 이런 따뜻한 반응은 아보카도가 두려워하던 것들이 기우에 불과했음을 보여 준다. 진정한 친구란 겉모습이 아닌 내면을 보고 사랑해 준다는 메시지가 감동으로 다가왔다.

 결국 아보카도는 거울 앞에 선다. 그리고 자신을 바라보고 있는 망고의 모습과 작별 인사를 하며 진정한 자신을 인정하게 된다. 그 모습을 본 아이들은 손뼉을 치며 환호했다. 자기를 인정하고 결점까지도 껴안고 사랑한다는 게 쉽지 않다는 걸 아이들은 이미 알고 있었나 보다. 가면을 쓰고 살아왔던 과거의 자신과 이별하고, 진정한 나의 모습으로 살아가게 된 아보카도를 아이들은 온 마음을 다해 진심으로 응원했다. 그 모습에 마음이 울컥했다. 용기를 낸 주인공에게 박수를 보내는 아이들의 모습이 참 사랑스러웠고, 그 응원이 내게도 전해지는 것 같았다.

"아보카도처럼 사람들에게 말하고 싶지 않은 나만의 비밀이 있나요?"라고 아이들에게 물어보았다. 대부분 아이가 그렇다며 고개를 끄덕였다. 생각보다 많은 어린이가 자신만의 비밀이나 콤플렉스를 가지고 있었다. 어린아이들도 이미 타인의 시선을 의식하고 자신의 어떤 부분을 숨기고 싶어 한다는 것에 안쓰러운 마음이 들었다.

"혹시 용기를 내어 친구들에게 경험을 나누어 줄 사람 있나요?"라는 질문에 내 얼굴만 보고 씩 웃는 아이들. 그림책 한 권 읽었다고 단번에 그 껍데기를 깨고 나오긴 쉽지 않으니 어쩌면 당연한 반응일지도 모른다. 아이들의 이런 반응을 보며 자아 수용이라는 건 하루아침에 이루어지는 것이 아님을 다시 한번 깨닫는다. 아보카도도 오랜 시간을 변장하며 살아왔고, 친구들의 따뜻한 반응과 자신의 용기 있는 결정 덕분에 비로소 있는 모습 그대로의 자신을 받아들일 수 있었으니 말이다.

"아직 말하기에는 용기가 좀 더 필요한 거죠?"라고 묻자 고개만 끄덕였다. 아이들의 솔직한 반응이 오히려 건강하다는 생각이 들었다. 무리하지 않고 저마다의 속도에 맞춰 천천히 성장해 갈 아이들을 응원해 주고 싶었다.

그런 아이들의 모습을 보며, 우리 모두에게 있는 그대로의 모습을 인정해 주는 이들이 곁에 많이 있다면 좋겠다고 생각했다. 나부터 아이들에게 그런 사람이 되어야겠다고 다짐하며 책을 덮었다. 지금 모습 그대로도 충분히 반짝반짝 빛난다고, 너만의 장점이 있다고 아주 많이 말해 주고 싶다. 나에게도 그렇게 다정하게 대하자고 결심한 날이었다. 다정한 시간이 쌓이다 보면 언젠가는 마주하고 싶지 않은 내 모습도 웃으며 떠나보낼 수 있는 날이 올 거라 믿는다.

 **선생님의 마음 노트**

나는 나로 충분히 아름다워요

베트남의 불교 지도자 틱낫한은 이런 말을 했습니다. "아름답다는 것은 자기 자신이 되는 것이다. 남에게 인정받을 필요 없다. 자신을 받아들이면 된다." 우리는 완벽해야 한다는 부담감에 자신을 숨기곤 하지만, 진짜 아름다움은 결점마저 포함한 우리의 고유한 모습에 있습니다. 저부터 완벽한 교사가 되려 애쓰기보다는 부족함을 인정하고 성장하는 모습을 보여 주고 싶습니다. 그런 진솔한 어른의 모습이 아이들에게 "있는 그대로 충분히 아름답다."라는 메시지를 전할 수 있을 것입니다.

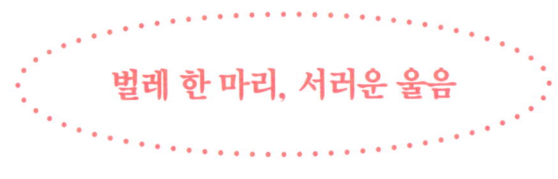

벌레 한 마리, 서러운 울음

기다림과 성장 사이

점심시간 식당으로 이동하면서 생긴 일이다. 급식실 앞에 도착했을 무렵 진영이가 서럽게 울고 있었다. 무슨 일이 있냐고 물어봐도 오열하고 있는 아이는 말을 잇지 못했다. 아이 근처에 서 있던 친구들에게 물어봐도 무슨 일인지 잘 모르겠단다.

"진영이가 진정되면 그때 선생님에게 알려 줘."

지켜보고 있는 눈들 때문에 서러운 마음이 더 북받쳐 오르는 것 같아 자리를 뜨려는데 한 아이가 나에게 다가와 슬쩍 알려 주었다.

"선생님. 이동하는데 진영이가 벌레를 관찰한다고 멈춰 서니까 뒤따라가던 민훈이가 빨리 가라고 하면서 살짝 밀쳤어요."

아, 그렇게 된 거구나. 평소 진영이는 혼자 있는 시간이 많았다. 쉬는 시간에 다른 아이들이 떠들썩하게 놀 때도, 혼자 책을 읽거나 좋아하는 캐릭터를 그리면서 자신만의 시간을 보냈다. 친구들과 어울리려 해도 어딘가 어긋나는 지점이 있었고, 아무도 예상하지 못한 시점에 갑자기

울음을 터뜨리기도 했다. 그런데 방금 터져 나온 울음소리는 지금까지 들어본 그 어떤 울음과도 달랐다. 가슴 깊은 곳에서 끌어올린 듯한 토할 것 같을 정도로 격렬한 오열이었다. 대부분 아이는 무슨 일이 일어났는지 몰라 당황한 표정으로 서 있었고, 민훈이의 얼굴도 당황한 듯 굳어있었다.

"민훈아. 진영이에게 빨리 가라고 밀쳤을까?"

조용히 고개만 끄덕이는 민훈이. 친구가 빨리 가지 않아서 답답하더라도 밀치는 행동은 위험하니 절대 해서는 안 된다고 일러 주었더니 바로 사과하고 싶다고 했다.

"진영아, 민훈이 사과를 받을 준비가 되었니?"

"으, 윽, 흑. 아니…. 요…. 아직…. 어…. 흑…. 흑…."

울음이 격해져 헛구역질까지 하는 진영이는 진정할 시간이 더 필요해 보였다.

"진영이가 식사하고 진정이 되면 그때 민훈이 사과를 받아 줄래?"라고 물으니 고개만 끄덕인다.

진영이를 보며 딸들의 어릴 때가 떠오른다. 사소한 일에도 눈물을 보이며 서럽게 울었던 딸아이. 아침마다 옷이 마음에 들지 않는다고 실랑이를 벌였고, 낮잠에서 깨면 어김없이 통곡하느라 진이 빠질 정도였다. 내가 보기엔 대수롭지 않은 일인데 아이는 악을 쓰며 울었다. 걷잡을 수 없을 정도로 감정이 격해지면 어떤 말도 들리지 않는다는 걸 알기에 스스로 진정될 때까지 옆에서 기다려 주었다. 집에서는 울음이 잦아들 때까지 기다리는 게 가능했지만, 공공장소에서 크게 울면 당황스럽고 짜증이 나기도 했다. '왜 이렇게까지 우는 걸까?' 궁금하기도 했고 답답한 마음에 아이에게 화를 낸 적도 있었다. 몇 년간 스스로 감정을 조절하지 못해 힘들었던 시간이 지나고 나니, 이제는 속상한 마음을 말로 표현할 수 있다. 많이 속상할 때면 방에 들어가 혼자 울다가 진정되면 나와서 내게 말을 건넨다. 아까는 이래서 너무 화가 나고 속상했다고. 그러면 나는 그 마음을 받아 주고 꼭 안아 준다. 진영이는 아직 감정을 조절하는 데 시간이 필요한 아이다. 아이를 기르며 수년간 경험으로 배웠던 것을 8살 꼬마 아이가 받아들이기에는 쉽지 않을 것이다.

 학급에서는 지켜야 할 규칙들이 있고, 개인의 욕구를 잠시 미루고 집단의 흐름에 맞춰야 할 때도 있다. 줄을 서서 이동하는 것, 답답해도 기다려 주고 말로 감정을 표현하는 것. 진영이의 세계에는 작은 벌레 한 마리가 그 무엇보다도 중요했다. 뒤따라오는 아이들이 있다는 걸 까맣게 잊어버릴 정도로 작은 생명체와의 조우만이 전부였다. 그저 앞으로 가자는 의미의 악의 없는 터치에 아이의 세계가 산산조각이 날 정도로 서럽게 느껴졌으리라.
 아이 감정과 반응을 지켜보며 그런 상황에서는 어떻게 해야 하는지 매번 알려 주지만, 이렇게 폭발적으로 감정을 표출하는 아이를 보고 있으면 조금 안타까운 마음이 든다. 물론 뒤에서 밀친 아이에게 잘못이 있다. 친구들이 뒤에서 기다리고 있으니 어서 가자고 말로 했다면 더 좋았을 것이다. 하지만 진영이도 자신만의 세계와 바깥 세계 사이 소통의 다리를 놓는 방법을 배워야 하지 않을까. 내가 좋아하는 것들에만 관심을 주기보다 주변 사람들과 어울려 함께 소통하는 법을 배웠으면 좋겠다.

조금씩이라도 자신의 감정을 말로 표현하고, 때로는 개인의 관심사보다 공동체의 약속을 우선할 힘을 길렀으면 좋겠다.

물론 하루아침에 바뀔 수 없다는 걸 안다. 아이에게는 시간이 필요하고, 주변 사람들의 이해와 인내도 필요하다. 때로는 울음 대신 "속상해"라고 말하기도 하고, 가끔은 자신이 왜 그런 기분인지 설명할 수 있기를 바란다. 아직은 이 모든 것이 버거운 진영이지만 자신만의 속도로 세상과 연결될 수 있도록 기다려 주고 싶다. 작은 변화에도 함께 기뻐하며 응원하고 싶다. 아이들만의 복잡한 내면세계를 모두 이해할 수는 없지만, 자신의 감정을 이해하고 건강하게 표현할 수 있도록 곁에서 도와주고 싶다.

점심을 먹고 교실로 들어오니 진영이가 아까보다 차분해져 있었다. 내가 없는 사이 민훈이가 먼저 진영이에게 다가가 사과했다고 한다. 진영이도 그런 민훈이의 사과를 받아 주었다. 학교에는 참 다양한 아이들이 있다. 모두가 다르기에 빛나는 아이들. '다름을 인정하고 함께하는 우리 반'이라는 급훈처럼 나도, 아이들도 서로를 이해하고 존중하며 지낼 수 있었으면 좋겠다. 그렇게 매일 조금씩 성장해 나가길 소망한다.

 선생님의 마음 노트

기다림이 필요합니다

감정을 조절하고 서로 다른 마음을 이해하는 일은 하루아침에 이루어지지 않습니다. 작은 일에도 쉽게 상처받고 우는 아이에게는 어른들의 기다림과 따뜻한 말 한마디가 큰 힘이 됩니다. 아이들은 친구와의 갈등 속에서 배우고 성장하며, 서로 다른 마음을 존중하고 기다려 주는 법을 익혀 갑니다. 그런 경험이 아이들의 관계를 더욱 단단하게 만듭니다. 기다림이 지치고 답답할 때도 있지만, 그 시간을 통해 아이들은 저마다의 속도로 세상과 만납니다. 아이들을 기다려 주듯, 이제는 저 자신에게도 그런 여유를 건네고 싶습니다.

"망했다" 대신 "다시 해 보자"

긍정의 언어

아이들과 활동하다 보면 '망했다'라는 말을 가끔 듣는다. 국립국어원 표준 국어대사전에 따르면 '망하다'는 '개인, 가정, 단체 따위가 제구실을 하지 못하고 끝장이 나다.' 또는 '못마땅한 사람이나 대상에 대하여 저주의 뜻으로 이르는 말'이라고 한다.

더불어 망(亡)은 사망(死亡), 망자(亡者)에서도 쓰이는데, 장례를 치르고 난 뒤 이 세상에서 그 존재가 완전히 사라진다는 의미를 담고 있다. 아무런 흔적도 없이 완전히 세상에서 사라져 버리는 것. 조금이라도 남아 있다면 아직 망한 게 아니므로, 일상에서 쓰기에는 지나치게 극단적인 표현이다. 그래서 아이들이 이 말을 사용할 때면 그 뜻을 설명하고 사용하지 않도록 지도한다.

아이들은 미술 작품이 마음에 들지 않거나 시험에서 어려운 문제가 많을 때 주로 이런 말을 한다. 잘하고 싶은데 뜻대로 되지 않아서 속상한 마음은 충분히 이해가 간다. 하지만 내가 사용하는 말이 내 생각이 되고 나라는 사람을 만들어 간다. "생각이 바뀌면 행동이 바뀌고 행동이 바뀌면 습관이 바뀌며, 습관이 바뀌면 운명이 바뀐다."라는 말도 있지 않은가. 중학교 때, 나이 지긋하신 선생님께서 수업이 시작되면 무조건 외우게 시켰던 말인데 아직도 입에 붙어서 내 삶에 영향을 주는 걸 보면 말의 힘은 참으로 대단하다는 생각이 든다.

생각이 바뀌려면 내가 사용하는 말부터 달라져야 한다. 작은 일에도 쉽게 '망했다'라는 말을 뱉는 아이들은 해결해야 할 문제를 쉽게 포기하는 경향이 있다. 아직 절반도 못 했는데 티끌만 한 오점을 붙잡고 눈물을 흘리며 포기해 버리는 경우도 많다. 완성 후에는 작은 실수쯤은 눈에 띄지도 않을 거라고, 그래도 마음에 안 들면 새로운 종이를 줄 테니 다시 시작해 보자고 독려해 보아도 쉽게 의욕을 되찾지 못한다.

완벽주의 성향이 강한 아이들 또한 이런 모습을 보이곤 한다. 완벽하게 하지 못할 거면 시작조차 하지 않는 아이들. 완벽해야 한다는 허상을 붙들고서 누구보다도 돋보이고 싶은 아이들. 인정받고 싶은 마음이 지나치게 비대해져, 되려 아무것도 시도하지 못하는 어린이들도 '망했다'라는 말 한마디를 쿨하게 던지고 포기해 버린다. 또는 망치고 싶지 않아 몰래 답안지를 보고 문제를 푼다거나 친구의 것을 베껴 쓰고 모르는 체하기도 한다.

이런 경험이 쌓이면 어떤 어른으로 자라게 될까. 어른이 되는 과정에서 아이들은 수많은 어려운 일들을 겪게 될 것이다. 살아간다는 게 어디 항상 뜻대로만 되던가. 실패도 해 보고 소중한 무언가를 잃어보기도 하고 수많은 시험을 치르며 살아갈 텐데, 마음에 들지 않더라도 끝까지 가 보는 경험을 하지 않은 아이들은 어려움을 견뎌낼 힘을 기르기 어렵다.

습관이 된 말은 쉽게 고쳐지지 않는다. 우리 반 금지어라는 사실을 힘주어 말하는데도 입에 붙은 말들은 쉽게 튀어나온다. 하루는 이런 이야기도 해 줬다.

"선생님은 재즈를 좋아해. 재즈는 음악 장르 중 하나인데 사람들이 모여 주 멜로디나 코드 진행만 가지고 즉흥 연주를 해. 그 와중에 불협화음이 생기기도 하고 누군가는 잘못 연주할 때도 있어. 하지만 틀을 벗어나거나 잘못된 음으로부터 새로운 연주가 탄생하기도 해. 그러니 너희가 잘못했다고 생각한 그 지점에서 너희만의 색깔이 담긴 새로운 것들을 만들어 나갈 수 있는 거야."

틀에서 벗어나거나 틀린 것이 새로운 무언가를 탄생시킬 수 있다고, 그러니 지금 네가 보는 결점도 결점이 아니라는 이야기를 힘주어 말했다. 아이들이 이 말을 온전히 이해한 것 같지는 않았지만 '망한 것은 없다.'라는 생각이 들게끔 여러 가지 이야기를 자주 들려준다.

세상에 망한 인생은 없고 마음먹기에 따라 언제든 다시 일어설 수 있다. 특히나 십 년 남짓 살아온 꼬꼬마들에게는 망할만한 일은 전혀 없다. 망했다는 말 말고 "다시 해 보자", "괜찮다", "결점이 개성이 될 수 있다"라고 말해 보자. 이는 비단 아이들에게만 해당하는 말은 아니다.

아이들이 작은 실수나 불완전함 앞에서 쉽게 포기하지 않도록 나부터 긍정적이고 희망적인 말을 쓰자고 다짐한다. 아이들은 주고받는 말 속에서 자라니까, 가정에서도 아이를 다그치거나 비난하기보다 다시 도전해 보자고 격려해 주었으면 좋겠다. 쉽게 포기하지 않는 단단한 아이들로 자라났으면 좋겠다.

 **선생님의 마음 노트**

다시 일어서게 하는 말의 힘

아이들과 생활하다 보면 작은 실수 앞에서 "망했다"라는 말을 습관처럼 내뱉는 모습을 종종 봅니다. 순간의 속상함에서 나온 말이지만, 이 한마디가 아직 끝나지 않은 도전을 '여기서 멈춰도 되는 일'로 만들어 버리기도 합니다. 아이가 실패를 경험했을 때, 그 순간을 결점이 아니라 새로운 가능성이 시작되는 지점으로 바라볼 수 있도록 격려해 주는 어른이 되고 싶습니다. 완벽해야 나아갈 수 있는 것이 아니라, 멈추지 않는 시도가 결국 길을 만들어 갑니다. 넘어진 자리야말로 다시 일어서는 법을 배우는 교실이 되니까요.

만약 내일이 마지막이라면

울면서 쓴 편지

　아이들과 함께 '유서 쓰기' 활동을 한 적이 있다. 6학년 학생들에게 유서 쓰기는 너무 무거운 주제일까 고민했지만, 졸업을 앞둔 시점에 내게 소중한 사람들을 떠올려보며 진지하게 자신의 인생을 돌아볼 시간을 선사하고 싶었다. 그동안 당연하게 여겼던 것들이 얼마나 소중한지 깨닫고 주변 사람들에게 고마움을 전하는 기회가 되길 바랐다.

　활동을 준비하면서 여러 가지를 고민했다. '혹시 아이들이 실제로 죽음에 대한 두려움을 느끼지는 않을까?', '보호자들이 이런 활동을 어떻게 받아들일까?', 그리고 무엇보다 '아이들이 이 활동을 통해 진정으로 의미 있는 성찰을 할 수 있을까?' 여러 걱정이 들었다. 그래서 먼저 내가 직접 써 보기로 했다.

　당장 죽는다고 상상하니 가장 먼저 딸들에게 전하고 싶은 말이 떠올랐다. "우리에게 일어나는 일들은 우리가 통제할 수 없지만 넘어지고 좌절하더라도 부디 금방 털고 일어날 수 있기를 바란다."라는 말과 "성인이 될 때까지 함께하지 못해 미안하지만 세상 누구보다 사랑한다."라는 마음을 담았다. 속에 담은 못다 한 말들이 참 많았나 보다. 흐르는 눈물을 닦아 내며 한참을 적어 내려갔다. 이어 남편에게도 편지를 썼다. 고맙고 미안한 마음과 아이들을 잘 부탁한다는 당부의 말을 쓰고 나니 마음이 저릿하게 아려왔다. 때로는 의견이 달라 다투기도 했지만, 우리가 같은 곳을 보며 나아가고 있다는 것, 서로를 사랑하고 있다는 것만은 변하지 않았다는 걸 느꼈다. 진짜 죽는 것도 아닌데 정말 끝인 것만 같았다.

 다음 날 아이들 앞에서 내가 쓴 편지를 읽어 주었다. "○○에게"라는 말을 뱉는 순간부터 목이 메었다. 아이들 앞에서 울면 안 되는데 끅끅 울면서 간신히 읽어 내려갔다. 내 모습을 본 아이들도 함께 울며 마음을 열었다. 처음에는 잠시 머뭇거리던 아이들도 진지한 표정으로 펜을 바삐 움직이기 시작했다. 어떤 아이는 중간중간 멈춰서 천장을 바라보며 생각에 잠기기도 하고, 어떤 아이는 눈물을 뚝뚝 흘리며 계속 써 내려갔다. 평소 글쓰기를 싫어하던 아이들도 이날만은 달랐다. 마음에서 우러나오는 진심을 담다 보니 어려움 없이 글이 나온 모양이다.

 한 명씩 일어나서 자신이 쓴 편지를 낭독했다. 다른 사람들 앞에서 이런 편지를 읽는다는 게 많이 힘들었을 텐데, 아이들 모두 각자의 이야기를 솔직하게 들려주었다. 평소에는 장난기 많던 아이도 눈물을 글썽이며 사랑을 고백했고, 조용한 성격으로 말수가 적었던 아이도 아픈 엄마에 대한 절절한 마음이 담긴 편지를 통곡하며 읽어 내려갔다. 이를 지켜보던 친구들도 차오르는 눈물을 어찌하지 못하고 함께 울었다. 말은 하지 않았지만, 서로를 응원하고 지지하는 마음이 느껴졌다. 나도 아이들과 함께 울며 보듬어 주었다.

  특히 지혜의 편지가 기억에 남는다. 맞벌이하는 부모님 대신 할머니께서 지혜를 키워주셨다고 했다. 지금 할머니께서 많이 위독하신 상태라 예전처럼 대화를 나누기도 어렵고, 할머니께서 해주시던 음식을 먹을 수 없다는 지혜. 이 사실이 지혜에게는 버거웠을 거다. 할머니의 쾌유를 간절히 바라는 지혜의 마음이 고스란히 전해졌고, 마지막에는 흐느끼며 편지를 접었다. 나도 어릴 적 할머니의 손에서 자랐기에 지혜의 편지가 유독 마음을 울렸다. 어린 지혜가 겪는 상실감이 내 것인 듯 아프게 느껴졌다.

  함께 편지를 쓰고 마지막 말을 나누면서 아이들의 마음속에는 어떤 변화가 생겼을까. 아마도 평소에 당연하게 여겼던 일상의 소중함을 깨달았을 것이다. 매일 아침 자신을 깨워 주는 엄마, 아빠의 출근길 인사, 친구들과 장난스러운 대화, 할머니가 챙겨주시던 간식 모두 새롭게 보였을 것이다. 친구들과의 관계에서도 서로의 진솔한 모습을 보며 더 깊이 이해하고 배려하게 되었을 것이다.

  그저 짧은 순간일 수도 있겠지만 훗날 학창 시절을 돌이켜 보며 그때의 마음을 떠올릴 수 있었으면 하고 바라게 된다. 너무 힘들고 고단해서 모든 걸 다 놓아버리고 싶을 때도, 우리 곁에는 언제나 사랑하는 이들이 함께하고 있다는 사실을 잊지 않았으면 좋겠다. 그때의 마음으로 나도 내 주변 사람들을 대할 수 있으면 좋겠다. 그때의 마음으로 순간을 생생하게 살아갈 수 있으면 좋겠다.

 선생님의 마음 노트

감사와 사랑을 전해요

만약 내일이 마지막이라면 사랑하는 사람에게 무엇을 남길 수 있을까요? 그 질문 앞에 아이들은 잠시 멈추어 서서, 마음속 깊은 진심을 편지에 적어 내려갔습니다. 편지 속에는 평소 말로 다 하지 못한 마음이 고요하게 스며 있었고, 작은 손끝에서 떨어진 눈물은 삶의 모서리마다 피어나는 사랑이 되었습니다. 삶은 늘 오늘이라는 평범한 옷을 입고 있지만, 때로는 가벼운 인사와 작은 감사가 하루를 특별하게 만듭니다. 오늘도 미처 말하지 못한 "사랑해", "네가 있어 참 좋아", "고마워"라는 말을 살며시 건네 봅니다.

3부

서로 마주하며
마음을 여는 교실

"예쁜 모습만 오래 기억할게요"

기다려줘서 고마워요

서툰 진심이 건넨 위로

교실에서는 늘 예상치 못한 순간들이 찾아온다. 특히 수업 중 감정을 조절하지 못하는 아이들을 마주할 때면 마음이 무거워진다. 그럴 때마다 어떻게 하면 아이들에게 도움을 줄 수 있을지 고민이 깊어진다.

아이들의 감정 표출 방식은 다양했다. 갑작스레 자리를 떠나 교실을 돌아다니며 친구들의 활동을 방해하는 아이가 있는가 하면, 작은 일에도 크게 화를 내며 책이나 물건을 바닥에 던지는 아이도 있었다. 친구의 말에 교실 문을 발로 차는 등 거친 행동을 보이기도 하고, 사소한 다툼 후 울음을 터뜨리며 구석에 앉아 고개를 숙이는 모습을 보이기도 했다. 또 어떤 아이는 소리를 지르거나 소란을 피우며 분노를 드러내기도 하고, 충동적으로 물건을 부수거나 학습지를 찢어 버리는 경우도 있었다.

수업을 계속 진행해야 하는데 마음이 상한 아이를 그냥 둘 수도 없어서 매번 갈등했다. 그럴 때마다 아이들을 달래고 설득하며 차분히 대화를 나누려 노력했다. 때로는 따뜻한 격려를 건네고, 때로는 단호하게 지도해 보기도 했지만 쉽게 달라지지 않는 아이들의 모습을 보며 무력감을 느끼기도 했다.

그래도 포기하지 않고 아이들에게 맞는 방법을 찾기 위해 다양한 시도를 해 보았다. 문제 행동에는 일부러 반응하지 않고, 대신 아이가 잘하는 순간들을 놓치지 않고 칭찬해 주었다. 또한 아이와 일대일로 대화할 시간을 따로 마련하고, 수업에 아이가 좋아하는 활동을 넣어 보기도 했다. 때로는 아이에게 작은 역할을 맡겨 책임감을 느끼게 하거나, 감정을 표현할 수 있는 다른 방법들을 함께 연습해 보았다. 그러자 조금씩이지만 변화가 나타나기 시작했다. 천천히 일어나는 변화였지만 분명한 성장의 신호였다.

하지만 업무와 수업 준비로 바쁜 일상에서 아이들과 깊이 이야기할 시간은 항상 부족했다. 아이들의 속마음이 궁금해서 '선생님과의 비밀노트'를 만들어 한 달에 한 번씩 써 보기로 했다. 아이들의 답장은 예상보다 솔직하고 따뜻했다. 대부분 지금이 좋다고 답해주었고, 일부는 친구들의 행동 때문에 수업에 집중하기 어렵다고 솔직하게 적었다. 정성스럽게 쓴 글과 함께 그려진 작은 그림을 보니 그간의 피로가 조금씩 풀렸다. 평소 친구들과 갈등이 잦아 자주 상담했던 한 아이가 "선생님이 참 좋아요. 항상 제 이야기를 들어주셔서 고마워요."라고 쓴 글을 보고 뭉클해졌다.

그중에서도 잊을 수 없는 것은 한 아이가 연필로 꾹꾹 눌러쓴 이 문장이었다.

"선생님, 기다려 줘서 고마워요. 포기하지 말아요. 선생님은 나에 천사애요."

어설픈 맞춤법 속에 담긴 진심은 그동안의 반항과 울음 속에 늘 사랑이 있었음을 알려주었다. 그저 속상한 마음을 말로 표현하는 게 서툴렀던 것뿐이라는 것을, 아이에게는 누군가 자신을 믿고 기다려 주는 사람이 필요했을 뿐이라는 것을 깨달았다. 정말이지 포기하고 싶은 순간도 있었고, 모른 척 넘어가고 싶을 때도 많았는데 포기하지 말라는 저 말이 나를 붙잡았다.

아이들은 사랑과 관심 속에서 자란다. 때로는 서투른 방법으로 관심을 끌려 하지만, 그 이면에는 '저도 좀 봐 주세요.'라는 간절한 마음이 숨어 있다. 하지만 계속되는 어려움 앞에서는 그 마음을 놓치고 만다. 잊고 있었던, 버거워 모르는 체하고 싶었던 그 마음을 마주하며 아이들의 눈을 한 번이라도 더 바라봐 주자고 다짐했다. 뜻밖의 위로에 그간의 고민이 녹아내린 하루였다.

 선생님의 마음 노트

따뜻한 시선이 아이를 변화시킵니다

때로는 지치고 무력감을 느끼기도 하지만, 아이들의 진심을 마주할 때마다 교사로서의 소명을 다시 확인하게 됩니다. 아이들이 서툰 방식으로 드러내는 감정 뒤에는 언제나 사랑받고 싶은 간절함이 숨어 있다는 것을, 그들에게는 자신을 믿고 기다려 주는 어른이 필요하다는 사실을 잊지 말아야겠습니다. 나의 시선이 아이에게는 '나는 사랑받고 있다.'라는 확신을 주며, 그것이 아이를 변화시키는 힘이 됩니다. 사랑은 언제나 알아봐 주는 눈길 위에서 꽃을 피운다고 하지요. 오늘도 아이들과 함께 그 꽃이 피어나는 자리를 지켜보겠습니다.

깜짝선물의 감동

그림에 담긴 소중한 마음

아이들이 우르르 빠져나간 교실. 책상 위에 놓인 교과서와 수업 자료들을 정리하며 한숨을 돌렸다. 하루가 참 길었다. 전담 시간이 없는 6교시 수업에 크고 작은 갈등들을 중재하느라 목소리도 쉬어 버렸다. 특히 오늘은 유난히 교실이 시끄러웠는데, 싫어하는 행동을 반복하는 친구에 대한 반 아이들의 불만이 폭발했기 때문이다. 멍하게 앉아 있던 중, 문득 칠판 쪽으로 시선이 향했다. 평소와 다른 뭔가가 있었다. 자리에서 일어나 칠판 가까이 가니, 작은 종이 한 장이 조심스럽게 붙어 있었다. '선생님'이라고 쓴 글자 아래에는 인형처럼 반짝이는 눈을 한 예쁜 캐릭터가 그려져 있었다. 그림에는 세심한 정성이 묻어났다. 소중하게 간직하기를 바랐던 건지 그림 전체를 테이프로 꼼꼼하게 붙여 코팅까지 해 두었다. 테이프를 오리고 붙이느라 한참을 애썼을 모습이 그려졌다.

그제야 며칠 전부터 아이들이 수군대던 모습이 떠올랐다. "며칠 뒤면 스승의 날이지?", "너 선생님께 뭐 드릴 거야?" 하면서 쑥덕쑥덕하는 소리가 들렸는데, 나는 일부러 모른 척했었다. 집에 가기 전에 아이들에게

"선생님은 여러분이 쓴 편지 말고는 받을 수가 없어요."라고 덧붙인 것을 제외하고는 말이다. 그런데 내게 말도 하지 않고 슬쩍 붙여 놓고 가다니.

이 그림을 누가 그렸는지는 금세 알 수 있었다. 바로 해나였다. 해나라는 이름처럼 해처럼 밝게 빛나는 마음을 가진 아이. 평소에도 가끔 나의 모습을 귀여운 캐릭터로 그려서 선물해 주거나, 고마운 일이 있을 때면 늘 감사하다는 편지를 내게 전해 주곤 했었다. 해나의 편지 속 진심이 담긴 문장들은 내 마음을 따뜻하게 만들어주었다. "선생님, 오늘 수업 재미있었어요.", "선생님 열심히 저희를 가르쳐 주셔서 감사해요." 같은 예쁜 말들이 지친 하루를 버틸 힘이 되어 준다.

하지만 이런 해나가 걱정될 때도 있다. 해나는 친구들에게 자신의 것을 아낌없이 나누어 준다. 보상으로 받은 젤리, 새로 산 학용품, 예쁜 스티커 같은 것들을 다 줘 버려서 부모님께서는 걱정이 많으시다. 학부모 상담 때도 어머니께서 "해나가 너무 순해서 친구들이 이용하는 건 아닐지 걱정돼요."라고 말씀하셨다.

실제로 반 아이들은 해나를 좋아한다. 하지만 혹시나 해나의 선한 마음을 이용하는 친구들이 있을까 봐 해나를 불러 따로 이야기를 해 주었다.

"해나야, 친구들에게 너의 마음을 나누어 주는 건 정말 멋진 일이야. 하지만 때로는 네가 원하지 않는 일에 대해서는 '아니야'라고 말할 수 있어야 해. 그것도 너를 지키는 방법이거든."

작은 목소리로 대답하는 해나. 성장해 나가면서 상처를 완전히 피할 수는 없겠지만 그래도 해나의 순수한 마음이 크게 다치지 않았으면 좋겠다. 앞으로 해나가 살아갈 세상이 해나 같은 선한 아이들에게 조금 더 따뜻하기를 바라게 된다.

  빈 교실에 앉아 한참 동안 그림을 바라보았다. 내일 해나를 만나면 제일 먼저 고맙다고 말해 줘야겠다. 선생님이 해나 그림을 소중하게 간직하겠다고 말하면 해나는 어떤 표정을 지을까? 아마도 수줍어하면서 감사하다고 말할 것이다.
  그림을 보며 부끄럽지 않은 사람으로 아이들 앞에 서고 싶다고 생각했다. 아이가 그려준 그림처럼 늘 반짝반짝 빛나는 모습으로 아이들과 만나고 싶다. 그래서 해나의 그림을 책상에 붙여 두었다. 매일 그림을 보면서 오늘의 마음을 기억해야지.

 **선생님의 마음 노트**

관계의 균형을 배워요

나눔은 아름다운 마음이지만, 교실에서는 때로 그 선한 마음이 이용당하기도 합니다. 해나처럼 자기 것을 기꺼이 내어주는 아이에게는 마음이 불편할 때 '싫어'라고 말해도 괜찮다는 것을 알려 줍니다. "네가 나누고 싶어서 주는 거야, 아니면 어쩔 수 없이 주는 거야?" 아이의 진심을 확인하며, 진정한 친구와 일방적으로 요구하는 친구의 차이를 함께 이야기해 봅니다. 교실은 관계의 균형을 연습하는 공간입니다. 아이들이 자신을 소중히 여기며, 믿음과 존중 속에서 진정한 우정을 키워나가기를 바랍니다.

수학이 너무 어려워요

포기하지 말아 줘

 수학 시간이 되면 준호는 늘 고개를 떨군 채 멍하니 앉아 있었다. 교과서를 펴 보라고 권해도, 같이 해 보자고 격려해도 눈길은 바닥에만 머물렀다. 쉬는 시간에도 그대로 앉아 연필만 굴리며 꼼짝하지 않았다. '혹시 친구와 다툰 걸까, 집에서 속상한 일이 있었던 건 아닐까?' 이런저런 추측을 하다 보면 어느새 다음 수업 시간 종이 울렸다.

 마침 분수의 덧셈과 뺄셈을 배우던 때였다. 아이들이 특히 어려워하는 단원이라 기본 문제만 따로 모아 학습지를 준비했다. 교실을 돌며 풀이 과정을 살펴보던 중, 준호의 학습지가 눈에 들어왔다. 종이에는 여기저기 지운 흔적만 가득했을 뿐, 풀린 문제는 하나도 없었다. 연필 자국보다 지우개 똥이 더 많았고, 종이는 헤져서 군데군데 찢어져 있었다. 책상에 팔꿈치를 괴고 고개를 푹 숙인 준호의 뒷모습이 유난히 작고 초라해 보였다.

 "준호야, 괜찮니? 무슨 일 있어?"

나의 물음에 절레절레 고개만 저을 뿐, 준호는 끝내 아무 말도 하지 않았다. 수업을 마치고 다른 아이들이 쉬는 시간을 보내는 동안, 나는 준호를 따로 불러 조심스레 물어보았다.
"혹시 분수 계산이 너무 어려워?"
고개를 끄덕이더니 눈물이 그렁그렁 맺혀 금방이라도 울음을 터뜨릴 것 같았다. 한참 동안 기다린 후에야 떨리는 목소리로 말하는 준호.
"선생님, 저는 수학을 정말 못해요. 다른 친구들은 다 풀었는데 저만 하나도 못 풀겠어요." 준호는 끝내 어깨를 떨며 흐느꼈다. 또래보다 뒤처진다는 불안감, 선생님과 부모님을 실망하게 할 것 같은 두려움, 나는 공부를 못하는 아이라는 스스로에 대한 부정적인 생각이 얽혀 있었을 것이다. 이제 겨우 초등학생인 아이가 느끼는 좌절이 너무도 서럽게 다가와 마음이 아렸다.

"학년이 올라가면서 수학이 참 어렵게 느껴지지? 오늘 우리가 공부했던 내용은 다른 친구들도 다들 힘들어한단다. 선생님도 어릴 땐 몇 번이나 틀리곤 했어." 토닥이며 말을 건네니 울음은 서서히 잦아들었다.
"꼭 한 번에 다 잘할 필요는 없어. 선생님이랑 천천히 다시 해 보자."
준호는 말없이 고개만 끄덕였다.

그날 이후 나는 수업 시간마다 아이들의 얼굴을 더 자주 살펴보게 되었다. 지금은 배우는 과정이니 잘하지 못해도 괜찮다고, 이해가 되지 않으면 언제든 도움을 요청하라고 말하며 불안을 덜어 주려 했다. 어려워하는 문제 앞에서 의기소침해 있는 준호를 볼 때면 옆으로 가서 단계별로 천천히 설명해 주었다. 처음에는 위축되어 있던 준호도 점차 수업에 집중하기 시작했다.

몇 주 후, 단원평가를 보는 날이었다. 아이는 여전히 긴장했지만, 예전보다는 훨씬 차분해 보였다. 시험 도중 막히는 문제가 나오면 슬며시 다가가 힌트를 주었다.

"분모가 다를 때는 어떻게 했었지? 천천히 생각해 보자." 준호는 잠시 망설이다가 고개를 끄덕이며 다시 연필을 들었다.

시험지를 채점하는 동안, 정답이 하나둘 늘어날 때마다 내 마음도 함께 뿌듯해졌다. 지난번보다 성적이 눈에 띄게 올랐다. 다음 날, 동그라미로 가득한 시험지를 받아 든 준호의 얼굴에 환한 미소가 번졌다.

"선생님, 이거 엄마한테 확인받고 가져오면 되는 거죠?"

당당하게 말하는 아이의 모습을 보니 내 마음도 환해지는 것 같았다.

그 후로 준호는 달라졌다. 이해가 가지 않을 때는 손을 들어 질문했고, 어려운 문제를 마주해도 쉽게 포기하지 않았다.

"선생님, 처음에는 수학이 정말 싫었거든요. 근데 이제는 괜찮아요."

아이들이 도전을 두려워하지 않았으면 좋겠다. '나도 할 수 있다.'라는 믿음을 품고, 설령 실패하더라도 다시 시작할 용기를 냈으면 좋겠다. 저마다의 사연과 고민을 안고 학교에 오지만 각자가 다른 빛깔로 반짝인다는 걸 잊지 않았으면 좋겠다. 오늘도 나는 교실에서, 아이들의 작은 도전이 만들어 낼 기적을 조용히 응원한다. 아이들도 이런 내 마음 알려나?

 **선생님의 마음 노트**

함께 걸어가는 사람

아이들은 생각보다 많은 두려움을 가슴에 품고 있습니다. 특히 수학처럼 단계별로 계단을 하나씩 올라야 하는 과목에서 한 번 발걸음을 헛디디면, '나는 못 해.'라는 그림자가 마음에 내려앉습니다. 그 얼굴이 잠잠해 보일지라도 속으로는 자신을 탓하고, 눈물로 어려움을 견디고 있을지 모릅니다. 그래서 끝까지 함께 걸어가는 교사가 되고 싶습니다. 아이가 자신을 부정하지 않도록, 넘어져도 다시 일어설 수 있도록 곁에서 믿어 주고 싶습니다. 매일의 수업이 아이에게 "혼자가 아니구나."라는 위로가 되었으면 좋겠습니다.

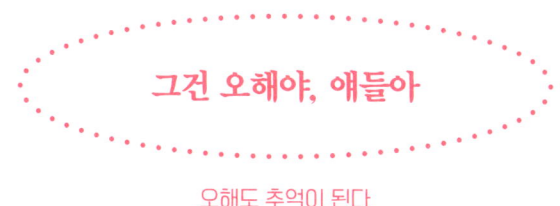

그건 오해야, 애들아

오해도 추억이 된다

 개정 교과서에는 시대의 변화를 반영한 내용이 담겨 있다. 태블릿을 이용한 조사학습, 디지털 영상지도로 내가 사는 곳 찾아보기, 고학년의 경우 모둠별로 뮤직비디오나 홍보 영상 제작 활동까지 다양하다. 교과서에는 나오지 않지만, 가끔은 메타버스를 활용한 퀴즈를 통해 아이들이 재미있게 단원 정리를 할 수 있도록 하기도 한다.

 3학년 도덕 교과에는 '인공지능 로봇 연구소에 가요!'라는 단원이 있다. 얼마 전 아이들과 우리 가족의 행복에 도움을 주는 인공지능 로봇의 기능에는 어떤 것들이 있을지 상상해 보았다. 어떤 기능이 있을지 고심하는 아이들을 보니 '만약에' 질문을 계속하는 우리 집 둘째가 떠올랐다.

 "엄마, 만약에 모든 집안일을 다 해주는 로봇이 있다면 좋겠어? 로봇이 모든 일을 하고 엄마는 누워서 책 볼 수 있으면 좋겠어?"

 "응. 당연히 좋겠지."

 "엄마, 만약에 엄마랑 똑같이 생긴 로봇이 여러 대 있어서 엄마 대신에 학교 가서 일하고 엄마는 침대에서 책 보면 좋겠어?"

"응. 그렇지?"
아이들에게 예시로 들려준 대화에 예상치 못한 반응이 돌아왔다.
"선생님, 저희 만나러 오는 거 싫은 거예요?"
"저희는 학교 오는 게 좋은데 선생님은 싫어요?"
'아차. 내가 하려던 말은 이게 아닌데.' 실망한 얼굴로 나를 보는 아이들. 당황스럽기도 하고 미안하기도 해서 재빨리 말을 덧붙였다.
"아이, 그건 아니지. 선생님이 너희들을 얼마나 좋아하는데. 그래서 너희들 빨리 보고 싶어서 맨날 학교도 일찍 오잖아."
"흠. 뭔가 의심스러운데요."
의심스러운 눈초리에 보일 듯 말 듯한 미소를 머금고 있다.
"아니. 진짜 오해하면 안 돼. 너희를 만나서 선생님은 너무너무 좋은걸. 선생님이 그렇게 이야기한 건 딸이 '만약에 ~ 하면 어떨 것 같아' 질문을 연달아 수십 개씩 하니까 그래서 '좋겠지, 좋겠지' 건성으로 대답한 거지. 선생님의 마음을 오해하지 말아 줘. 얘들아. 진짜 오해하면 안 된다."
"따님이 확신의 N인가 보네요."
"맞아, 그렇지."
어찌어찌 상황은 수습했지만, 아이들 앞에서는 한 번 더 생각하고 말해야 한다는 걸 체감했다.
'근데 너희도 방학이 오기를 기다리잖아. 연휴가 있으면 설레는 것처럼 선생님도 그렇다고.'
속으로 이런 생각을 하다가도 학교를 오는 게 좋다는 아이들의 말에 기분이 좋아서 하루 종일 실실 웃고 다녔다. 나의 말에 서운함을 바로 표현할 만큼 나와 신뢰 관계가 쌓인 것 같아서 흐뭇하고 기뻤다. 아이들이 바르게 컸으면 하는 바람으로 잘못된 행동을 할 때마다 붙들고서 하나하나 알려 주었던 지난날이 스쳐 간다. 아침마다 서로의 기분을 나누고, 경청과 배려, 절제의 가치가 중요하다고 귀에 못이 박히도록 이야기해서인지 요즘에는 나와 합이 맞아가는 느낌이 든다. 집에 가서도 오늘 있었던 일을 자랑하고 다녔다.

나 이런 선생님이야. 하하하.

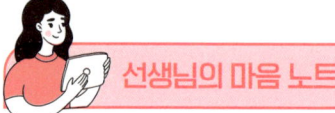 **선생님의 마음 노트**

아이들이 가르쳐 준 것들

무너진 몸과 마음으로 교실을 떠났다가 다시 돌아온 저에게는 아이들의 순수한 반응이 새삼 소중하게 느껴집니다. 교실은 새로운 지식을 익히고 알아가는 곳이기도 하지만, 마음이 오가며 관계를 배우는 작은 사회입니다. 아이들이 제게 서운함을 솔직하게 표현할 수 있다는 것, 그리고 저 역시 진심으로 마음을 전할 수 있다는 것. 이 모든 과정에 감사함을 느낍니다. 지쳤던 마음으로 다시 선 이 자리에서 아이들은 제게 가르쳐 주고 있습니다. 관계 속에서 상처받고 회복하는 법을, 진심을 전하는 마법을.

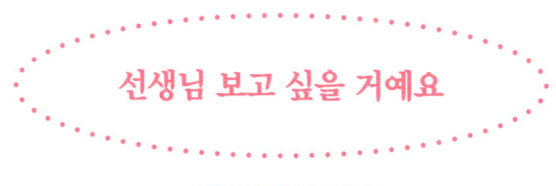

선생님 보고 싶을 거예요

사랑 가득한 아이들

유난히 활력이 넘치는 학생들과 함께하며 즐거운 순간도 많았지만 지치고 속상할 때도 있었다. 몸 이곳저곳에 탈이 나는 걸 보니 방학이 다가올 때가 되었나보다. 아무튼, 무탈하게 한 학기를 보냈다는 것에 안도의 한숨을 내쉬게 된다. 이것저것 시키는 게 많은 선생님과 함께하느라 힘들었을 아이들도 방학을 많이 기다렸을 것이다.

드디어 기대하던 방학식 날. 4교시 수업을 마치고 한 학기 동안 열심히 해줘서 고맙다는 말을 전했다. 즐겁고 건강하게 방학을 보내고 만나자며 우리 반 전용 인사도 나눴다.

"오늘도 열심히 공부한 나를 사랑합니다. 친구들아 오늘도 행복했어. 선생님 감사합니다."

어느 때보다 들뜬 아이들은 평소보다 말도 많고 흥분을 가라앉히지 못해 몸을 들썩거렸다.

"오늘 마지막 날이라고 평소 잘 지키던 걸 잊으면 안 되겠죠? 유종의

미를 보여 주세요."

바로 우렁찬 대답이 돌아왔다. 인사도 미리 끝낸 상태라 급식 후 바로 하교할 수 있었다. '한 학기 동안 고생 많았다.' 스스로 칭찬하며 평소보다 천천히 밥을 먹고 교실에 올라갔더니, 웬걸? 아이들이 집에 가지도 않고 칠판에 뭔가를 열심히 쓰고 있다.

"아! 안 돼요, 선생님. 잠시 후에 들어오세요."
나를 내보내는 아이들.
'빈 교실을 기대했는데 이건 무슨 일이지?'
"그러면 선생님 연구실에서 기다리고 있을게. 다 되면 부르러 와."
흐뭇한 얼굴로 앉아 기다린 지 10분 정도 시간이 지났을까. 아이 한 명이 날 찾으러 왔다.
"이제 들어오셔도 돼요."
환하게 웃으며 교실 문을 여는 아이들. 칠판에는 사랑한다는 말, 감사하다는 말로 가득 차 있었다. 밥 먹는 사이 졸업한 제자도 나를 찾아왔었나 보다. 직접 만든 쿠키와 간식이 책상에 가지런히 놓여 있었다. 정말 예상치도 못한 선물이었다.

내가 애정을 주면 아이들은 2배, 3배 넘치도록 돌려준다. 그 마음이 고마워 울컥했다.
"방학 안 해도 되니까 선생님이랑 같이 있고 싶어요."
"방학 동안 선생님 못 봐서 속상해요." 엉엉 울고 있는 아이를 한 명씩 꼭 안아 주었다. 발을 떼지 못하고 한참을 교실에서 서성이는 아이들에게 "선생님도 너희들을 너무너무 사랑해. 우리 반 많이 보고 싶을 거야."라고 말해 주었다.

"선생님 사랑해요. 보고 싶을 거예요. 집에 안 가고 교실에 있으면 안 돼요? 저희 오늘 교실에서 자도 괜찮아요." 이렇게 말하는 고마운 아이들에게 "근데 우리 3주 뒤에 다시 만나는 건 알고 있지? 다시 만나는 날까지 즐겁고 건강하게 지내렴."하고 인사를 건넸다. 아이들을 집으로 보냈더니 학교 건물 밖에서 나를 애타게 부르는 소리가 들렸다. 창문 너머로 머리 위 하트를 한 채 사랑한다고 인사하는 어린이들이 너무나도 사랑스럽다.

아이고, 곡소리 날 정도로 힘들게 하다가도 사랑스러운 모습을 선물처럼 보여 준다. 내가 어디 가서 이런 사랑을 받을 수 있을까. 선생님이기에 받을 수 있는 귀한 사랑이며 특권이다. 오늘 아이들에게 받은 다정한 마음을 차곡차곡 저금해 두었다. 지치고 힘들 때 아이들이 나누어 주었던 사랑을 꺼내어 보아야지. 비도 오고 가끔 칼바람도 불겠지만, 봄볕처럼 따뜻한 아이들의 마음이 있으니 걱정 없다. 내 마음이 무겁고 눅눅해질 때면 마음속 저금해 둔 햇볕을 쬐면 될 일이다.

 **선생님의 마음 노트**

오늘도 함께 물드는 색

아이에게 규칙을 가르치고 바른 습관을 심어주는 일은 쉽지 않지만 꼭 필요한 과정입니다. 그 과정에서 흘린 땀과 인내는 아이들의 마음에 작지만 단단한 씨앗이 되었고, '사랑과 감사'라는 꽃으로 피어났습니다. 아이들은 관심과 애정을 그대로 담아 돌려주는 거울 같은 존재입니다. 제 말과 행동 하나하나가 아이들의 마음에 스며들어 다채로운 색을 입힌다는 사실을 떠올릴 때면, 무거운 책임감을 느낍니다. 아이들의 삶에 남겨질 색을 한 번 더 생각하며, 오늘도 사랑과 믿음으로 아이들을 따뜻하게 맞이하고 싶습니다.

신나고 짜증 나고 기대돼요

하루를 여는 진솔한 대화

    우리 반은 매일 아침 서로의 감정 상태를 나누며 하루를 시작한다. 자신이 어떤 마음인지, 왜 그런 기분이 드는지 말로 표현하다 보면 아이들은 자연스럽게 자기 내면을 들여다보게 된다. 나 역시 아이들의 진솔한 마음을 엿볼 수 있어 하루에 한 번은 반드시 이 시간을 갖는다.

    고학년으로 올라갈수록 자기의 마음을 친구들 앞에서 털어놓는 걸 어색해하지만, 저학년 아이들은 대부분 자신의 이야기를 하고 싶어 한다. 학교행사가 있거나 체육이나 미술이 있는 날은 대체로 기쁘고 행복하다고 표현하지만, 비가 오거나 6교시 수업을 하는 날에는 졸린 얼굴로 짜증 나고 화가 났던 일들을 솔직하게 털어놓는다.

    생존 수업 마지막 날이라 그런지 아쉽다고 이야기하는 아이들이 유독 많았다. 승호는 주말이 생일이었는데 축하받지 못했다며 실망스러운 표정을 지었다. 늦었지만 다 함께 생일 축하 노래를 부르자고 하니 모두가 기꺼이 "네에에!" 하고 외쳤다. '사랑하는' 부분은 아이들답게 조금 어색해하며 얼버무렸지만, 축하를 받는 아이의 얼굴에 환한 미소가 번졌다.

혜리는 부모님께서 심하게 다투셨던 모양이었다. 엄마와 함께 떨어진 물건들을 정리했는데 그때 참 무섭고 속상했다고 담담히 말했다. 아무렇지 않은 듯 이야기하는 아이를 보니 마음이 아팠다. 따로 불러 평소에도 자주 다투시냐고 물어보니 그렇지는 않다고, 이제 화해하셨다고 했다. 고성이 오가고 물건이 바닥에 와장창 떨어지는 광경을 목격했을 어린 마음이 얼마나 무섭고 불안했을까. 부모는 아이들의 세상인데, 그 세상의 불화로 인해 아이가 받을 상처를 생각하니 가슴이 짠해졌다.

"무섭고 놀랐겠구나. 두 분이 화해하셔서 정말 다행이다."

늘 자신이 맡은 일을 책임감 있게 끝까지 해내는 아이, "선생님 도와줄 사람?"하고 물으면 누구보다 먼저 손을 드는 아이. 그런 혜리가 마음껏 어리광도 부리지 못하고 일찍 철이 든 것은 아닐까 하는 걱정이 앞섰다. 나의 어린 시절이 떠올라 더욱 마음이 쓰였다.

아이들의 이야기를 듣다 보면 어른들의 고단한 삶이 그대로 아이들에게 전해지지 않기를 간절히 바라게 된다. 가정이 아이들의 든든한 안전기지가 되어 주었으면 좋겠다. 힘든 일이 생겼을 때 고민을 편하게 털어놓을 수 있는 사람이 바로 보호자였으면 좋겠다. 나 역시 그런 엄마이자 선생님이 되고 싶다.

모든 아이가 행복한 아침을 맞이할 수 있다면 얼마나 좋을까. 하지만 아이들은 각자의 사정으로 서로 다른 모습으로 살아가고 있다. 아무쪼록 아이들의 얼굴이 그늘지지 않고 밝게 빛났으면 한다. 형편이 어려워

가족 여행을 가지 못하더라도, 서로 마주 보고 웃으며 많은 대화를 나눌 수 있기를 바란다. 부모님과 떨어져 살더라도 자주 통화하며 "엄마, 아빠 잘 지내고 있다고, 우리 OO가 참 많이 보고 싶다"라는 애정 가득한 말을 듬뿍 받고 자라기를 소망한다.

　충분하다고 느껴질 만큼의 사랑을 받고서, 다른 이들에게도 베풀 줄 아는 너그러운 마음을 가진 아이들로 자라나면 좋겠다. 비난하고 평가하는 말보다 격려하고 인정하는 말을 듣고 자라나기를 바란다. 잘못된 것은 잘못되었다고 분명히 알려 주더라도, 이를 건강하게 받아들이고 스스로가 가치 있는 사람이라고 여길 수 있기를 바란다. 나의 영향력이 아이들에게 그리 크지 않을지도 모르지만, 내가 가진 사랑만큼은 아낌없이 주어야겠다고 다시 다짐해 본다.

 **선생님의 마음 노트**

5분이 만드는 기적

오늘은 몇 번이나 아이와 눈을 맞추고 이름을 불러 줬는지 돌아봅니다. 고단한 몸과 마음으로 집에 돌아오면 아이에게 잠깐의 시간을 내는 것도 버겁게 느껴질 때가 있습니다. 하지만 얼굴을 마주하고 나누는 짧은 대화만으로도 아이에 대해 많은 것을 알 수 있습니다. 매일 아침 단 5분의 이야기만으로도 아이들은 깊은 속마음을 털어놓곤 하지요. 제가 내어준 그 시간이 아이에게는 '나를 알아주는 사람'이라는 믿음으로 남는다는 사실을 기억하고 싶습니다. 때로는 5분이 기적을 만듭니다.

고쳐 쓴 답안

마음속 돌덩이 하나

지금은 교사별 평가라는 이름으로 평가 계획에 따라 반별로 문항을 제작해 따로 평가한다. 주로 서술형 평가 방식을 적용해 문항 수가 많지 않고, 결과가 좋지 않으면 2차 평가 기회를 주어 다시 도전할 수 있도록 돕는다. 이는 과정 중심 평가의 중요성이 강조되면서 생긴 변화다.

15년 전만 해도 평가 방식은 지금과 달랐다. 국어, 수학, 사회, 과학 과목마다 25문항씩, 오지선다형과 주관식을 적절히 섞어 문제를 만들었다. 반별로 같은 평가지로 시험을 보고 선생님들과 함께 채점했는데, 애매한 답안이 나오면 기준을 세심하게 조율해 반마다 결과가 달라지지 않도록 공정함을 기했다. 학생들이 적은 답안은 무척 다양했고, 그만큼 채점하는 데만 꼬박 하루가 걸리기도 했다.

채점이 끝나면 아이들에게 책상 위 필기구를 모두 서랍에 넣게 하고 시험지를 확인했다. 혹시나 중간에 답을 바꿔 쓰고, 정답인데 선생님이 잘못 채점했다고 하는 일을 막기 위해서였다. 준비가 다 되면 정답과 채점 기준을 설명해 줬다. 그때 원훈이가 시험지를 들고 앞으로 나왔다.

"선생님, 저 이거 맞게 썼는데 잘못 채점했어요."

아이가 내민 시험지에는 기존의 답을 지웠다가 빨간색 색연필 자국 위에 새롭게 연필로 답을 눌러 적은 흔적이 남아 있었다. 답 위에다 색연필로 동그라미를 쳤었기에 아이가 답안을 고쳤다는 게 분명하게 드러나 있었다.

"잠시만 기다려 줄래요? 시험지만 정리하고 나서 나가서 이야기합시다." 문제의 시험지를 들고서 학생과 연구실로 갔다.

"여기 답안을 고쳐 쓴 흔적이 보이네요. 시험은 내가 어떤 걸 모르는지 알고 넘어가는 게 중요하지, 하나 더 맞히는 건 중요하지 않아요. 이번 기회에 이 문제를 공부하고 넘어가는 게 좋겠어요."

"아니에요. 진짜 안 고쳐 썼어요."

"아닌 것 같은걸요. 답을 듣고 고쳐 쓴 경우에는 인정할 수 없어요. 원훈이가 자신에게 솔직했으면 좋겠어요. 지금 행동은 선생님을 속이는 것뿐만 아니라 원훈이 자신을 속이는 것이기도 해요."

"아, 진짜 아니라니까요. 다시 채점해 주세요."

"안 됩니다."

단호하게 이유를 설명하고 원훈이를 돌려보냈지만, 계속 마음 한편에 찝찝함이 남았다. 너무 당당한 태도에 내가 잘못 판단한 걸까 싶어 경력이 많은 선생님께 시험지를 들고 가 여쭤보았다. 선생님께서도 이건 확실히 바꿔 쓴 거라며 잘했다고 말씀해 주셨다. 이 과정에서 정직한 태도의 중요성을 배웠을 것이라고 격려해 주셨다.

하지만 그날 저녁, 내일 학교로 찾아가겠다는 원훈이 어머니의 연락을 받았다. 결과를 받아들이지 못하신 걸까, 무슨 말을 하려고 하시는 걸까 불안한 마음에 잠을 설쳤다. 약속 시간에 도착한 어머니께서는 주눅 든 얼굴의 아이 손을 잡고 미간을 잔뜩 찌푸리며 서 계셨다. 시험지를 보여드리며 차분히 말씀드렸다.

"여기 색연필 자국 위로 답안을 지웠다가 다시 쓴 흔적이 보입니다. 이런 경우 다시 맞다고 해 줄 수 없으며, 정직한 태도를 배우는 것이 한 문제 더 맞히는 것보다 중요하다고 생각합니다."

"아니, 선생님. 우리 애가 아니라고 하잖아요. 계속 아니라고 했으면 믿어 주셔야 하는 것 아니에요?"

"저, 어머님."

"아니, 선생님이라면서요. 선생님이면 아이의 말을 믿어 줘야지. 지금 뭐 하시는 거예요? 애가 그렇게까지 아니라고 하는데 아이를 믿어 주셔야죠. 아이를 믿어 주는 게 선생님의 역할 아니에요?"

잔뜩 흥분해서 소리를 지르는 어머니의 말씀을 끊을 수 없었다. 원훈이의 얼굴은 점점 더 어두워졌고 초조해 보였다. 자신의 아이를 믿지 않아서 실망했다는 말을 남긴 채 어떤 말도 듣지 않고 원훈이의 손을 잡고 가버리는 보호자. 열정 가득했던 저경력 교사였기에 처음 맞이하는 상황이 당혹스러워 상한 마음을 붙들고 터덜터덜 퇴근해야 했다.

내가 잘못한 걸까. 아닌 게 분명한데도 아이의 말을 듣고 믿어 줬어야 하는 걸까. 그냥 원훈이의 말을 듣고서 동그라미로 바꿔 줘야 했던 걸까. 온갖 생각에 마음이 복잡했다.

그날의 소동은 그렇게 끝이 났다. 까불거리고 교실에서 활발했던 원훈이는 다음날부터 슬금슬금 내 눈치를 봤다. 늘 통통 튀는 목소리로 떠들던 아이의 말수도 줄었다. 그런 아이를 바라보고 있는 내 마음도 편치 않아서 원훈이에게 따로 이야기해 주었다. 선생님이 믿어 주지 않는 것 같아서 속상했겠다고, 선생님은 우리 원훈이가 바르게 자랐으면 하는 마음에서 그렇게 한 거라고 다독여 주었다.

학생들과 이런저런 활동을 하며 일 년이 금세 흘렀다. "한 해 동안 여러분이 자라는 걸 볼 수 있어서 참 행복했어요. 새 학년이 되어서도 지금처럼 즐겁고 건강하게 잘 지내요." 종업식 날 마지막 인사를 나누고 아이들이 떠난 빈 교실을 둘러보았다. 매년, 이 순간이 오면 기분이 참 이상하다. 허전하기도 하고 후련하기도 하고 1년간의 시간이 주마등처럼 스쳐 지나간다.
시원섭섭한 마음을 안고 교실 정리를 하고 있는데, 원훈이가 말없이 쪽지 하나를 전해 주고는 후다닥 교실 밖으로 달려 나갔다.
"선생님. 사실은 제가 답안을 고쳐 쓴 게 맞아요. 선생님을 속상하게 해서 죄송해요."
그동안 돌덩이 하나를 가슴에 얹고 지냈을 원훈이를 생각하니 마음이 짠하면서도, 이렇게 솔직하게 고백해 주어서 얼마나 기뻤는지 모른다. 나의 마음까지 헤아려 준 원훈이의 쪽지가 고마워 콧날이 시큰해졌다. 그 사이 아이는 자신의 행동을 깊이 생각해 보며 한 뼘 더 자랐을 것이다.

새 학기가 시작된 지 얼마 지나지 않아 복도에서 신나게 놀고 있는 원훈이를 보았다. 반가운 마음에 이름을 크게 부르며 다가가 어깨를 두드려 주었다.

"원훈아, 쪽지 정말 고마웠어."

부끄러운 듯 슬며시 미소를 띠며 나를 보는 원훈이. 같이 놀던 친구들이 선생님이랑 무슨 이야기를 했냐고 원훈이에게 물어봤다. "별거 아니야." 원훈이와 나는 마주 보고 서로 얼굴을 찡긋했다.

아이들은 내가 생각하는 것보다 훨씬 더 깊이 생각하고 더 크게 자라난다. 원훈이의 용기가 내게 가르쳐 준 것은 단지 정직의 가치만이 아니었다. 때로는 아이 스스로 깨달을 시간을 주는 것이 얼마나 중요한지를 일깨워 주었다. 그 쪽지 한 장이 우리 둘 사이에 진짜 신뢰를 만들어 주었다.

# 선생님의 마음 노트

진심은 언젠가 전해집니다

교실에서는 매일 크고 작은 선택의 순간들을 마주합니다. 가끔은 내 판단이 정말 옳았는지, 무심코 던진 말 한마디가 아이의 마음에 상처로 남지 않았는지 늦은 밤 곱씹어 보곤 합니다. 하지만 그런 흔들림과 고민 덕분에 교사로서 성장할 수 있었습니다. 교실에는 쉽게 풀리지 않는 문제도 있고, 오래도록 마음에 남는 아이도 있습니다. 학부모님과 나누는 대화에서 예상치 못한 어려움을 만나기도 합니다. 그럴 때마다 그래도 괜찮다고 스스로 다독입니다. 진심은 언젠가 반드시 아이들에게 전해진다고 믿으니까요.

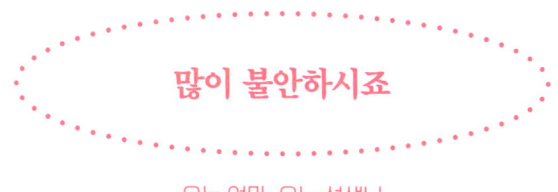

많이 불안하시죠

우는 엄마, 우는 선생님

　엄마가 되고 나니 학생들이 이전과는 다르게 보였다. 아이를 기르는 데 얼마나 많은 수고로움이 들어가는지, 얼마나 많은 눈물로 밤을 지새웠을지 알게 되었기 때문이다.

　먹이고 입히고 재우는 일부터 숙제를 봐주고 학원비를 늦지 않게 이체하며 방과 후 일정을 조율하는 일까지 모두 엄마의 몫이었다. 여기에 아픈 아이를 병원에 데려가고, 늦은 밤까지 잠을 설치며 돌보는 일도 더해졌다. 이 모든 자잘하지만 티 안 나는 일들을 해 오면서 나는 비로소 부모의 마음을 조금씩 이해하게 되었다. 부모가 된다는 것은 단순히 돌보는 일을 넘어, 매 순간 아이의 미래를 위해 여러 선택을 내려야 한다는 뜻이기도 했다. 수많은 선택지 사이에서 고민하고 결정하다 보면 늘 지쳤고, 내 선택에 확신이 서지 않았다. 나와 관련된 일은 쉽게 포기하면서도 아이와 관련된 일에는 한참을 망설이고 고민했다.

　제법 많은 어머니께서 상담하러 오시면 눈물을 훔치신다. 아이의 어려움을 조심스레 전하면, 그동안 품어온 걱정과 고민을 내비치시며 뜻대로 자라지 않는 아이 때문에 힘들어하고 안타까워하신다.
"어릴 때부터 이런저런 검사도 받고 도움을 주려고 했는데, 제가 더 뭘 어떻게 해야 할지 모르겠어요."
이런 말을 꺼내며 눈물을 훔치실 때면, 나 역시 남의 일 같지 않아 눈물이 핑 돈다. 두 딸을 키우며 마음 졸이던 지난날의 내 모습이 고스란히 떠오르기 때문이다. 지나친 감정 이입은 상담 시 좋지 않다는 걸 알지만 아이를 혼낸 뒤 자책하는 모습이나, 좀 더 따뜻하게 대해주지 못한 미안함으로 모든 걸 자신의 탓으로 돌리는 엄마들을 보면 어찌할 바를 모르고 눈물이 왈칵 솟는다. 나 또한 스스로에게 가장 엄격한 잣대를 들이대며 끊임없이 자신을 평가해 왔기 때문이다. 아이의 자존감은 누구보다 강하게 키워 주고 싶지만, 엄마인 나의 자존감은 돌보지 못했기 때문이다.
그럴 때면 조용히 눈물을 닦고 잠시 침묵의 시간을 갖는다. 솔직하게 나의 이야기를 고백하기도 하고, 때로는 어머니께서 먼저 말씀을 하실 때까지 기다리기도 한다. 그리고 꼭 덧붙이는 말이 있다. 그간 어머님께서 보여 주신 노력 덕분에 아이가 이만큼 자랄 수 있었다고. 아이를 위해 해 오신 수많은 일이 모두 대단한 거라고, 어머니께서 애써 주시기에 지금도 조금씩 성장하고 있다고 말이다. 그러면 공통으로 같은 말씀을 하신다.
"엄마니까요. 그 정도는 당연히 해야죠."
이 말을 꼭 전하고 싶다. 엄마라고 해서 당연히 해야 하는 건 없다. 아이를 위해 쏟는 수많은 노력은 그 자체로 충분히 크고 값진 일이다. 그러니 해야 할 일들을 제대로 하지 못했다고 불안해하지 않으셨으면 한다. 남들과 조금은 다른 아이를 키우며 보냈던 자책의 밤들을 이제는 내려놓으셨으면 좋겠다. 엄마라는 이름으로 살아내기 위해 이미 최선을 다하고 계시니까. 엄마의 역할을 감당할 힘은 사람마다 다 다르다. 그렇기에 주변의 다른 엄마들처럼 해내지 못한다고 자신을 탓하지 않으셨으면 좋겠다. 이 모든 말은 눈물을 쏟으며 불안해하는 엄마들에게, 그리고 동시에 나 자신에게 하고 싶은 이야기이기도 하다.

아이가 받은 작은 상처를 자신의 것인 양 두 배, 세 배 더 아프게 받아들이시는 분들도 있다. 아이들이 곤란할 상황을 사전에 막고 뾰족하게 날을 세운 채 교사에게 수많은 요구를 하시는 분들도 있다. 때로 조심스럽게 아이의 문제를 알려드리고 함께 아이의 성장을 돕기 위해 건넨 말들이 내게 칼이 되어 꽂힐 때도 있다. 이런 일들이 반복되면 교사는 더 이상 도움을 요청하는 전화를 드리지 않게 된다. 그 결과 아이는 스스로 문제를 해결하고 성장할 기회를 잃은 채, 엄마가 시키는 대로만 행동하는 자아가 사라진 아이로 자라게 된다.

그런 전화를 받을 때면 교실에서 남몰래 울기도 한다. 나의 애정과 사랑이 곡해되는 것만큼 속상한 일이 또 있을까. 수많은 선생님께서 무력감을 느끼고 열정을 잃게 되는 원인도 바로 여기에 있다. 아이를 향한 진심이 오해받을 때 피해는 결국 아이들에게 돌아간다.

아이와 자신을 동일시할 때, 아이도 엄마도 괴로워진다. 아이를 키우는 건 장시간 달려야 하는 마라톤이다. 아이가 성장하는 과정에서 보이는 부족함을 엄마의 결점으로 받아들이지 않으셨으면 좋겠다. 부족함을 지적으로 받아들이시거나 선생님의 차별로 여기게 되면, 그 모습을 옆에서 지켜보는 아이들은 자신이 처한 상황을 심각한 문제로 받아들이게 된다. 선생님에 대한 신뢰를 잃어버린 아이들은 제대로 배워 나갈 기회조차 잃게 된다.

내가 만난 아이들이 내 눈에만 사랑스러운 아이로 자라지 않기를 바란다. 사회의 일원으로서 자신의 책임을 다할 수 있는 아이로 자라길 바란다. 밖에서도 다른 사람들에게 인정과 사랑을 받고 어울려 살아갈 수 있었으면 좋겠다.

아이에 대한 조언을 들을 때 부모만큼 무겁게 받아들이는 사람은 없겠지만, 예민하게 세운 레이더를 조금은 무디게 만들어야 아이가 잘 자랄 수 있다고 믿는다. 선생님의 진심 어린 조언을 놓치지 않았으면 좋겠다. 아이의 성장을 돕는 협력자로서 함께 나아갔으면 좋겠다.

이미 충분히 많은 것을 하고 계신다. 엄마니까, 엄마라는 이유로 나의 시간을 내어주고 아이를 위해서 물불 가리지 않고 애를 쓰고 있다. 그러니 불안을 내려놓고 묵묵히 엄마의 역할을 해 온 자신에게 다정한 한마디를 건네길 바란다. 그 과정이 쉽지 않겠지만, 아이는 언젠가 홀로 오롯이 설 수 있어야 하니까.

선생님들께도 같은 말씀을 전하고 싶다. 선생님의 마음이 씨앗처럼 뿌려져 언젠가는 싹이 트고 꽃이 필 거라고. 그 모든 순간이 눈에 보이지 않더라도 결코 헛되지 않다고. 그러니 더 이상 자책과 후회의 시간으로 자신을 아프게 하지 마시길 바란다. 대신 오늘 하루 최선을 다한 자신을 보듬어주라고 말씀드리고 싶다.

우는 엄마와 우는 선생님 모두, 결국 같은 마음이다. 엄마의 마음과 선생님의 마음이 만나는 지점에서 아이들은 건강하게 자랄 수 있다.

 선생님의 마음 노트

신뢰가 만드는 교육

아이를 키우는 일은 혼자 달리는 경주가 아니라 함께 걷는 긴 여정입니다. 기대와 걱정, 불안과 오해가 있지만, 모두 아이를 건강하게 키우기 위한 과정입니다. 부모와 교사가 서로를 비판하는 상대가 아니라 함께 키우는 동반자로 바라볼 때, 아이는 더 잘 자랄 수 있습니다. 아이의 부족함을 결점이 아니라 성장을 위한 여백으로 바라보며, 조급함 대신 기다림을, 불신 대신 신뢰를 선택하는 마음이 필요합니다. 사랑과 진심이 만나 아이의 길이 되어 줄 때, 아이는 자기만의 걸음으로 넓은 세상을 당당하게 걸어갈 수 있습니다.

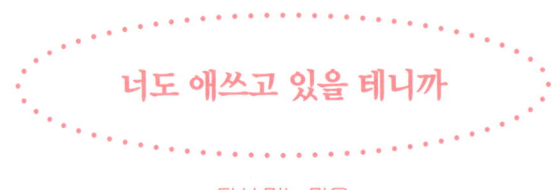

너도 애쓰고 있을 테니까

다시 믿는 마음

"차라리 누군가를 사랑하고 믿고 상처받는 게, 아무도 믿지 않고 사는 것보단 낫죠."

무심히 흘려보던 영상 속 문득 나를 붙잡은 한마디였다. 한국계 미국인 배우 저스틴 민의 목소리가 이상하게 마음을 울렸다. 얼마 전 읽었던 소설 『대온실 수리 보고서』의 한 구절도 자연스레 떠올랐다.

"사람을 믿는 게 잘못은 아니야. 네 말대로 그렇게 혼자라면 믿어야 살 수 있으셨겠지. 어떤 사람들은 그래서 누군가를 믿기도 해."

상처받은 영혼들이 서로의 상처를 어루만지며 다시 사랑하기로 다짐하는 소설 속 장면들이 가슴 깊이 스며들어 있던 터였다. 나 또한 터널에 갇혀 출구를 찾지 못하고 헤매던 시간이 있었고, 누군가를 온전히 사랑하고 믿는다는 건 불가능에 가깝다고 여겨 왔으니까. 그런데 그의 표정과 눈빛은 거짓말처럼 느껴지지 않았다. 확신과 희망에 찬 선한 얼굴. 어쩌면 그의 말이 사실일지도 모르겠다.

아이들과의 하루는 언제나 예측 불가능하다. 어떤 날은 아이들과의 하루가 너무 힘들어 진이 빠지기도 하고, 정성껏 준비한 수업에 무관심한 반응을 보일 때면 속상한 마음을 감추며 작아지곤 했다. 믿었던 아이가 기대를 저버릴 때, 나의 진심이 닿지 않는다고 느껴질 때는 예상보다 훨씬 아팠다. 특히 아이들보다 그들의 갈등을 바라보는 보호자들의 날 선 시선과 차가운 말들이 마음에 깊은 상처로 남았다. '내가 하는 일이 과연 어떤 의미가 있을까?'라는 의문이 밀려올 때면 아이들 앞에 웃으며 설 자신이 없어졌다.

그럼에도 불구하고 나는 아이들이 언젠가 달라질 것이라는 희망을 품기로 했다. 교육이라는 것은 결국 변화에 대한 믿음에서 시작되는 일이기 때문이다. 바뀌지 않을 것 같은 아이들도 반복해서 긍정적인 말과 따뜻한 관심을 보내면 조금씩 달라질 것이라 믿는다. 눈에 띄지 않는 작은 변화들이 모래알처럼 쌓여 언젠가는 큰 산을 이루리라 믿는다. 지금 당장은 아닐지라도, 내가 던진 말 한마디가 씨앗이 되어 먼 훗날에 싹을 틔우고 열매를 맺었으면 좋겠다. 상처받는 순간도 있겠지만, 그래도 다시 믿어 보려 한다.

짧은 인터뷰 영상을 보고서 마음을 다잡는다. 작은 변화의 새싹을 발견하면 격려의 물을 주고, 노력하는 모습을 보면 인정의 햇살을 비춰 주자고. 잘못된 행동에 대해서는 왜 그른지 일러주고, 바른 행동이 무엇인지 계속해서 알려 줘야겠다고. 아이들이 스스로 생각하고 자신의 행동을 돌아볼 수 있도록 도와줘야겠다고 마음먹는다. 건성으로 듣는 듯 보이고 같은 실수를 반복해도, 포기하지 않고 끝까지 알려 주는 것이 내가 해야 할 일이니까. 그것이 내가 사랑을 표현하는 방법이니까.

얼마 전 아이들에게 숙제 하나를 내 줬다. 가족을 위해 내가 할 수 있는 일을 하고 느낀 점을 적어 보라고 했더니, 저마다의 방식으로 부모님이나 할머니를 위해 집안일을 했다고 한다. 그중 한 아이는 화장실 청소를 자처했다. 나도 하고 나면 힘들어서 한참을 쉬어야 하는 힘든 일인데, 기꺼이 떠맡은 아이가 대견해 "화장실 청소 엄청 힘든데, 정말 대단하다."라고 칭찬해 주었다. 그러자 아이들 모두가 월드컵 응원가를 부르듯 "참 잘했어. 짝짝짝 짝짝." 손뼉을 쳐 주었다. 순간 가슴이 뭉클했다. 누가 시키지 않았는데도 친구의 노력을 알아보고 인정해 주는 모습이, 서로를 격려하고 응원하는 마음이 참 따뜻했다. 이런 모습을 볼 때면 확신하게 된다. 태어날 때부터 악하게 태어난 사람은 없다고. 모든 아이의 마음 깊은 곳에는 선량한 마음이 자리하고 있다고. 내가 하는 일이 절대 헛되지 않다고.

지치는 순간이 올 때마다 이런 순간들을 떠올리며 다시 힘을 내야겠다. 화장실 청소를 자처한 아이의 의젓함과 진심으로 이를 인정해 주는 친구들의 순수함을 마음 한편에 저장해 두었다. 오늘처럼 다정한 순간들을 차곡차곡 쌓아가면서 사랑하고 믿는 걸 멈추지 말자고 속으로 읊조린다. 내일도 여전히 서로 다투고 이르며, 어떤 아이는 무기력한 모습으로 앉아 있을 것이다. 하지만 아이들의 마음속에는 무한한 가능성의 우주가 잠들어 있다. 그래서 당장 눈에 보이는 변화가 없더라도 한 조각의 격려와 미소 한 스푼, 한 마디 다정한 말, 따뜻한 시선 한 아름으로 희망의 씨앗을 심고 가꾼다. 언젠가 그것들이 모여 아름다운 숲을 이룰 거라는 믿음을 품고서, 오늘도 아이들 앞에 선다.

 **선생님의 마음 노트**

실망을 감수할 용기

아이들은 한 번의 말로 변하지 않습니다. 하지만 스며드는 물이 바위를 깎듯, 반복되는 관심과 격려, 바른길을 보여 주는 꾸준한 손길이 아이를 변화시킵니다. 때로 그 과정에서 상처를 받기도 하지만, 그 상처마저 누군가를 믿었다는 증거이기에 제게는 소중한 경험입니다. 믿음은 때때로 우리의 기대를 저버리기도 하지만, 그로 인한 실망을 감수할 용기를 낼 때 변화는 조용히 움트기 시작합니다. 실망도 상처도 두렵지만, 그 모든 것을 넘어서는 믿음으로 아이들 앞에 서자고 다짐합니다.

4부

서로 다른 우리가
함께 걸어가는 길

"때로는 부딪혀도 괜찮아"

싸우면서 큰다고요?

화가 날 때 먹는 행감바

"인간은 아주 오래전부터 화려한 꽃에 둘러싸여 있으면 건강에 유익하고 기분도 좋아진다는 것을 알고 있었다. 바빌론의 공중정원은 고대 세계의 7대 불가사의로 꼽혔다. 고대 로마의 부자들은 울타리와 덩굴로 구획을 짓고 아칸서스, 수레국화, 크로커스, 시클라멘, 히아신스, 아이리스, 담쟁이, 라벤더, 백합, 은매화, 수선화, 양귀비, 로즈메리, 제비꽃을 심은 영지에 자신의 조각상을 배치했다."
－캐시 윌리스의 『초록 감각』 중에서

화사하게 핀 꽃을 보고 있으면 마음이 절로 환해진다. 그래서인지 오늘처럼 지치고 힘든 날에는 꽃 한 송이의 위로가 간절하다. 날씨가 더워지면서 아이들의 예민한 모습이 자주 눈에 띈다. 누군가의 불편한 행동에 여러 아이가 동시에 큰 소리로 불평을 늘어놓고, 쉬는 시간마다 갈등 상황을 알리기도 한다. 친구의 부탁에 "뭐, 어쩌라고."라며 무시하거나, 책상을 넘어온 짝의 필통에 짜증을 내는 경우도 있다. 매일 이어지는 사소한 다툼과 비난을 보며, 가끔은 바람에 흔들리는 꽃들처럼 조금 더 너그럽게 바라볼 수 있으면 좋겠다는 생각이 든다. '그럴 수도 있지'하고 넘어갈 수 있다면, 모두의 얼굴에 꽃이 피듯 환한 미소가 번질 텐데.

오늘은 특히 심했다. 쉬는 시간마다 이어지는 갈등을 중재하고, 아이들의 이야기를 들어주느라 화장실 갈 시간조차 없었다. 그동안 아이들에게 '행·감·바'(너의 행동 때문에 어떤 감정을 느꼈고, 바라는 점은 무엇인지)로 마음을 표현하는 법과, 친구의 마음을 다쳤을 때 '인·사·약'(인정하기, 사과하기, 약속하기)으로 대화하는 연습을 꾸준히 시켜왔다. 자신의 행동을 돌아보고 상대방의 입장을 생각해 보도록 지도해왔지만, 아직 갈 길이 멀다는 생각에 머리가 지끈거렸다.
차분한 목소리로 갈등을 풀어가고 있는데, 옆에서 또 다른 아이들이 목소리를 높였다. 그걸 또 알리러 온 아이까지 합세하면서 정신이 하나도 없었다. '얘들아, 선생님도 사람이란다…' 한참을 참고 참다가 한계에 다다른 나는 결국 반 아이들에게 일장 연설을 하고 말았다. 자주 부딪히는 아이들 자리도 대대적으로 바꿔버렸다. 이런 과정을 겪고 나면 정말 진이 다 빠진다. '조금 더 친절하게 알려줬으면 좋았을 텐데'하는 생각이 머릿속을 맴돌면서도, 매일 반복되는 상황에 지치고 기운이 빠진다.

점심을 먹고 학교에 핀 꽃들을 천천히 바라보았다. 여기저기 피어난 꽃들이 참 예뻤다. 사진을 찍고 봄바람도 쐬고 나니 조금 기운이 솟는 것 같았다. 그렇게 꽃의 기운을 살짝 빌려 교실로 돌아왔다. 아이들이 서로를 조금 더 이해해 주고, 나 역시 아이들을 좀 더 따뜻한 시선으로 바라볼 수 있기를 바라면서. 아이들의 다툼이 성장 과정의 일부라는 것을 알면서도, 그 과정을 지켜보는 어른의 마음은 참 복잡하다. 그래도 오늘보다는 내일이, 내일보다는 그다음 날이 조금 더 평화롭고 따뜻해지길 바라는 마음을 조용히 품는다.

꽃처럼 환하게 웃는 아이들의 얼굴을 떠올리며, 오늘 내 마음 한편에 쌓인 무거운 기운을 살며시 내려놓는다. 그렇게 나를 다독이며 '이 또한 지나가리라, 힘든 날이 있으면 좋은 날도 있겠지.'하고 조용히 속삭인다. '그럴 수도 있지'라는 말은 어느새 내게 가장 큰 위로가 되었다. 그 말은 단순한 이해를 넘어 내 안에 넘치는 감정을 지켜 주는 둑이 되어주기 때문이다. 분노와 비난이 일렁일 때마다, 나는 다시금 내게 '그럴 수도 있지' 하고 말을 건넨다. 아이들을 향한 이 작은 온기가 어쩌면 나를 키우는 빛일지도 모른다. 조금 더 넓은 마음으로 아이들을 품으며, 내 마음에도 작은 꽃 한 송이가 피어나기를 바란다. 내일은 서로에게 건네는 친절한 말 한마디를 미션으로 주려 한다. 그 말들이 아이들 마음에 봄바람처럼 불어와, 언젠가는 아름다운 꽃으로 활짝 피어나기를!

 선생님의 마음 노트

교육의 힘은 해석에 있습니다

고대 그리스 철학자 에픽테토스는 "우리는 자신에게 일어난 사건이 아니라 그것을 어떻게 해석하느냐에 영향을 받는다."라고 말했습니다. 아이들의 실수와 실패도 어른의 시선에 따라 문제가 될 수도, 성장의 기회가 될 수도 있습니다. "괜찮아, 누구나 실수할 수 있어."라는 짧은 말이 아이 마음에 등불이 되듯, 교사의 해석이 곧 아이가 자신을 바라보는 시선으로 이어집니다. 흔들리고 지칠 때마다 제 마음을 다잡습니다. 따뜻한 해석이 아이를 일으키고 동시에 나를 살린다고 믿기 때문입니다.

사랑의 훼방꾼

교실 연애 풍경

 고학년에 접어들면 반에는 어김없이 공식 커플이 생기기 마련이다. 옆 반의 누구에게 고백했다가 차였다는 이야기, 우리 반의 누가 아무개를 좋아한다는 핑크빛 소문이 이따금 들려왔고, 삼각관계도 심심찮게 목격되곤 했다. 우리 반에도 공식 커플이 있었다. 학기 초부터 서로 친하게 지내더니 언젠가부터 둘의 사이가 심상치 않아 보였다. 쉬는 시간만 되면 이산가족 상봉이라도 하듯 서로 붙어 다녔고, 기차놀이 할 때처럼 어깨에 손을 올리기도 했다. 참 귀여운 녀석들이었다.

 어느 날 식사 시간에 우연히 아이들의 대화를 들었다. 남자아이가 먼저 고백했고, 여자아이는 사이가 어색해질까 봐 고백을 받아 줬다는 이야기였다. 친구가 자꾸 캐묻는 게 부끄러워서 그렇게 말했는지 진짜 그런 이유였는지는 알 수 없었지만, 만약 후자라면 자신이 원치 않는 일에 "싫다"라고 거절할 수 있어야 한다. 아이들의 대화에 끼어들려 했지만, 밥을 다 먹은 아이들은 자리를 떠 버렸다. 마음 한편이 찜찜한 채로 밥을 마저 먹었다.

날이 갈수록 둘의 애정 표현은 더욱 적극적으로 변해갔다. 교실에서 손깍지를 끼고 다니는 것은 물론 어깨동무하며 꽁냥거렸다. 내가 알던 초등학생의 연애는 보통의 친구보다 조금 더 친하게 지내는 정도였고, 2주에서 한 달 정도 지나면 헤어졌다는 소식이 들려오는 게 일반적이었다. 그런데 이번에는 달랐다. 둘은 서로에게 정말 진심인 것처럼 보였다.

연인처럼 행동하는 아이들을 보면서 걱정이 살짝 고개를 내밀었다. '아직 어린 나이에 이런 관계가 괜찮을까? 교실의 다른 아이들에게 어떤 영향을 줄까? 개입해야 할까, 아니면 자연스럽게 두어야 할까? 다른 아이들은 아무렇지 않게 받아들이지만, 정말 괜찮은 걸까?'

고민 끝에 아이들과 대화를 나누기로 했다. 서로 꼭 붙어 있는 두 아이에게 넌지시 말을 건넸다.

"서로 너무 좋아서 가까이 붙어 다니는 거 맞지?"

둘이 동시에 그렇다며 수줍게 웃었다. 내 걱정과 달리 여자아이도 남자아이를 진심으로 좋아하는 눈치였다.

"너희들이 서로 좋아하는 건 알겠지만 교실에서 과한 애정 표현은 조심해야 하지 않을까?"

"저희는 그런 거 신경 안 써요."

"그래도 다른 친구들이 보기에는 불편할 수도 있으니, 교실에서는 조금 자제하는 게 좋겠다."

"선생님도 남편분이랑 이렇게 하시지 않아요?"라고 되묻는 녀석.

"선생님은 밖에서는 안 그러지. 그리고 여기는 친구들이 함께 생활하는 교실이잖아."
예상치 못한 답에 당황했지만 웃음으로 넘겼다.
"참, 절대 절대 너희가 부러워서 이러는 건 아니다."
마지막 한 마디에 아이들은 빙긋 웃으며 자리를 떠났다. 그 뒤로 두 사람 사이의 거리는 조금 멀어졌다.
서로 좋아서 하는 행동인데 내가 지나치게 간섭한 건가 싶기도 하고, 둘의 순수한 사랑을 방해한 것 같아서 신경이 쓰였다. 하지만 엄마 된 마음으로 교실에서 보이는 아이들의 모습이 걱정되기도 했다.

많은 교사와 보호자가 아이들의 첫사랑을 마주하며 걱정과 불안을 느낀다. '상처를 받는 건 아닐까?', '공부에 지장은 없을까?', '무슨 일이 생기지는 않을까?'라는 조심스러운 마음이다. 그러나 지나친 간섭은 아이들의 마음을 위축시키고, 온전한 경험의 기회를 박탈할 수 있어 신중하게 접근해야 한다. 교실에서 아이들을 지켜보며 깨달은 것은, 무조건 금지하거나 방관하는 것보다 올바른 관계의 방향을 제시하는 것이 중요하다는 점이다. 아이들에게는 이렇게 말한다.
"마음이 변해도 괜찮고, 속상한 일이 있으면 언제든 떠나도 된단다."
이 말은 관계가 무거운 짐이 아니라 스스로 선택하는 소중한 경험임을 알려 준다. 또한 균형 잡힌 관계의 중요성도 강조한다. 한 사람에게 지나치게 의존하거나 모든 시간을 내어주는 것은 건강하지 않기 때문에, "이성 친구와 가깝게 지내더라도 여러 친구들과 함께 어울리는 것도 필요하다."라고 지도한다. 커플이라고 해서 꼭 손을 잡거나 포옹하지 않아도 괜찮다는 것도 덧붙인다.

　사랑의 훼방꾼이 된 것 같아 마음은 무거웠지만 속은 좀 후련했다. 사실 아이들이 맺는 관계 자체가 문제는 아니다. 서로를 아끼고 좋아하는 마음은 아름답고 자연스럽다. 다만 교실이라는 공간에서는 예의와 배려, 공동체의 규칙을 기르는 것이 무엇보다 중요하다. 그것이 건전한 인간관계의 초석이 된다고 믿는다.

　아이들의 서툰 발걸음에는 우리 모두의 처음과 설렘이 담겨 있다. 그 순간들은 온전히 존중받아야 한다. 교실이라는 작은 우주에서, 사랑을 배우는 아이들 곁에서 건강하게 성장하는 관계의 길잡이가 되고 싶다. 무엇보다 이 모든 경험이 아이들에게 성숙한 인격체로 성장하는 밑거름이 되길 바란다.

 **선생님의 마음 노트**

건강한 이성 교제

아이들의 이성 교제는 성장하면서 자연스럽게 겪는 과정입니다. 새로운 감정과 관계를 배우는 시기이므로, 경험이 건강하게 자리 잡도록 배움의 기회를 제공하는 것이 중요합니다. 무엇보다 아이와의 대화가 필요합니다. 이성 친구에 대해 묻기보다는 아이의 감정에 관심을 기울이고 이야기를 들어 주세요. 이런 대화가 아이 스스로 관계와 감정을 성찰하고 조율하는 힘을 길러 줍니다. 아이들의 사랑에도 배려와 존중이 깃들기를 바랍니다. 교실에서 피어나는 순수한 마음이 편견 없이 존중받을 수 있도록 조용한 지지를 보냅니다.

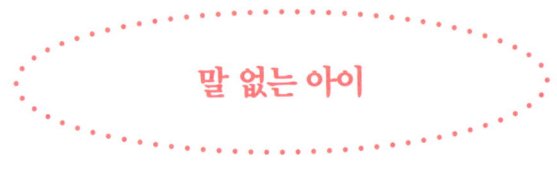

말 없는 아이

자신의 속도로 자라는 아이들

유년 시절, 나는 말이 없었다. 교실에서 그림처럼 앉아 있었고, 쉬는 시간에도 친구에게 다가가지 못한 채 책만 들여다보았다. 다른 아이들이 운동장에서 뛰어놀 때, 나는 교실 한구석에서 혼자만의 시간을 보냈다. 그 시간이 외롭지만은 않았다. 책을 읽으며 나만의 작은 세계를 만들어 가고 있었기 때문이다. 그런 경험 때문인지 교실에서 혼자 앉아 있는 학생에게 자연스럽게 눈길이 간다. 정말 혼자 있고 싶은 건지, 아니면 친구를 사귀고 싶지만 다가갈 용기가 없는 건지 걱정이 들 때도 있다. 그렇지만 그 마음을 섣불리 판단하기는 어렵다.

내 성격을 고스란히 닮은 우리 집 첫째도 마찬가지다. 2월이 되면 제발 아이와 잘 맞는 친구 한 명만, 더도 덜도 말고 딱 한 명만 같은 반에 있게 해달라고 간절히 기도한다. 하지만 나의 바람이 무색하게 아이는 교실에 앉아 혼자 시간을 보낸다. 주로 그림을 그리거나 종이접기를 한다는 첫째의 모습이 괜히 안쓰러워서, 새 학기가 시작되기 전 친구에게 어떤 말을 하며 다가가면 좋을지 역할극처럼 연습을 시키기도 했다. "와,

이 펜 참 예쁘다.", "너도 그림 그리는 거 좋아해?" 같은 간단한 말들을 건네고 대답을 해 보게 했다. 하지만 딸에게는 이 모든 과정이 부담이었나 보다. 어느 날부터 눈을 자주 깜빡이기 시작하는 틱쨋. "엄마가 내 친구 관계를 너무 예민하게 받아들이는 것 같아."라는 말을 듣고서야 깨달았다. 나의 걱정과 조바심을 아이에게 전가하고 있었다는 것을.

그때부터 한 발 뒤로 물러서서 기다리기로 마음먹었다. 아이만의 방식이 있고 속도가 있음을 인정해야 했다. 내가 할 수 있는 일은 불안한 마음을 내려놓고 아이의 편이 되어 주는 것이라는 걸 깨달았다. 아이가 살아가며 마주할 수많은 어려움 앞에서 실패를 털어놓을 수 있는 든든한 지원군이 되어 주겠다고 다짐했다.

어른의 걱정이 아이의 마음에 의도치 않은 상처를 주기도 한다. 딸의 경우 학교에서 선생님이 "효주랑 놀면 선생님이 젤리 줄게."라고 말씀하신 일이 있었다. 혼자 있는 아이를 걱정하는 선생님의 마음은 충분히 이해된다. 나도 그런 모습을 보며 안쓰러워하지 않았던가. 하지만 아이는 그 과정에서 자신과 놀이하는 것이 일종의 보상을 받아야 하는 일, 마치 벌칙처럼 느껴졌을 것이다. 아이는 당연히 자신에게 다가오는 아이들에게도 마음을 열지 못했다. '저 아이가 나에게 다가오는 건 선생님의 부탁 때문일까, 아니면 진짜 나와 친해지고 싶어서일까?' 하는 의구심이 생길 수밖에 없다. 관계의 시작에 어른들의 개입이 그림자를 드리우게 된 셈이다.

종종 친구들을 잘 챙기는 학생이나 활달한 학생을 따로 불러 "○○랑

같이 놀면서 잘 챙겨 달라"고 부탁하기도 한다. 하지만 친구 관계는 누군가의 부탁이나 요구로 이루어질 수 없다. 일방적으로 누군가의 챙김과 돌봄을 받는다는 기분이 들면 받는 쪽은 자연스럽게 위축되기 마련이다. 또한 성향과 취향이 비슷하지 않으면 관계를 지속하기 어렵다. 시간이 지나면서 서로 어색해지고, 결국 더 마음을 닫게 되기도 한다. 특히 주변을 탐색하는 데 시간이 오래 걸리는 아이나 혼자서 시간을 보내는 게 편한 아이에게는 억지로 붙여준 친구가 오히려 자존감을 떨어뜨리기도 한다. '나는 누군가 도움을 받아야만 친구를 사귈 수 있는 아이구나', '나는 왜 친구를 사귀지 못할까?'라는 생각을 하게 만들 수 있기 때문이다.

그래서 3월 초, 학생들에 대한 탐색이 어느 정도 끝나면 자리를 다시 배치한다. 먼저 다가가 말을 건네기 힘든 아이 주변에 비슷한 성향을 지닌 친구나 같이 앉기를 희망하는 학생들을 앉힌다. 이때 중요한 것은 강제성이 아닌 자연스러움이다. 학생들에게 서로 관심을 가질 수 있는 환경을 만들어 주되, 그 관심이 진짜 관계로 발전할지는 아이들에게 맡기고 지켜본다.

가끔 내가 먼저 조용한 학생들에게 말을 건네기도 한다. "오늘 바지 너무 귀엽다.", "정말 꼼꼼하게 색칠하는구나.", "글씨를 바르게 잘 쓰네." 같은 소소한 칭찬을 자연스럽게 건넨다. 그러면 아이들은 배시시 웃으며 조금씩 마음을 열기 시작한다. 나와 대화를 나누고 있는 모습을 본 다른 학생들도 자연스럽게 그 친구에게 관심을 두게 되기도 한다. 이런 작은 상호작용들이 쌓이다 보면, 아이들은 조금씩 서로 가까워진다.

억지로 만들어진 관계가 아니라 관심에서 시작된 관계이기에 지속될 수 있다.

 어른의 조바심이 아이에게 상처를 주고 있지는 않은지 돌아볼 필요가 있다. 아이들이 모두 어울려야 한다는 고정관념에서 벗어나, 조용하고 내성적인 성격도 하나의 개성이자 장점임을 알려 줘야 한다. 물론 아이들은 또래와 어울리며 성장하지만, 그 속도와 방식은 저마다 다르다. 어떤 아이들은 첫날부터 여러 친구와 어울리지만, 어떤 아이는 학년이 끝날 때쯤 마음을 털어놓을 수 있는 한 명의 친구를 사귀기도 한다. 어떤 해에는 그런 친구를 만나지 못해도 다음 해에 좋은 친구를 사귀기도 한다. 누군가는 자기 자신과 친구가 되기로 마음먹을지도 모른다. 하지만 이 모든 것이 소중하고 의미 있는 과정이다.

 엄마가 되고 학생들을 만나면서 아이들을 믿고 기다려 주는 게 중요하다는 생각을 자주 한다. 자신만의 속도와 방식으로 관계를 만들어 가도록 지켜봐 주는 것, 때로는 끌어 주는 것보다 조용히 지켜보는 것이 아이의 성장에 큰 도움이 된다. 자신에게 맞는 관계를 찾아갈 수 있도록 충분한 시간을 주는 것이 조용한 아이들을 위한 진정한 배려가 아닐까 한다.

 선생님의 마음 노트

내성적인 아이에게는 충분한 시간이 필요합니다

아이들은 저마다 다른 속도와 방식으로 관계를 만들어 갑니다. 어떤 아이는 첫날부터 웃으며 친구들을 사귀지만, 어떤 아이는 긴 시간을 들여 한 사람의 마음을 열어 봅니다. 조용하고 내성적인 모습은 부족함이 아니라 그 아이만의 강점입니다. 이들은 신중하게 말하고 경청하며 깊은 우정을 소중히 여깁니다. 억지로 관계를 맺게 하기보다 아이가 자신의 속도로 세상과 연결될 수 있도록 기다려 주는 것이 중요합니다. 충분한 시간과 믿음을 받은 아이는 결국 자기만의 방식으로 세상과 연결되는 법을 배워 갑니다.

내가 미안해

실수를 인정하는 용기

"쟤도 그랬어요."

갈등 상황에서 아이들을 지도하다 보면 종종 듣는 말이다. 이런 상황에서 학생들은 자신이 먼저 친구를 쳤거나 놀렸다는 사실은 언급하지 않는다. 대신 친구가 자신에게 한 행동만 부각하며 억울해한다. 자기 잘못을 회피하고 싶은 아이들은 다른 친구의 행동을 함께 문제 삼는다. 쟤도 그래서 같이했다는 식이다. 자기 잘못을 다른 사람의 탓으로 돌리는 아이들을 종종 마주하다 보니, "쟤도 그랬어요."를 우리 반 금지어로 정하고 자신의 행동에 대해 돌아볼 수 있도록 대화를 이끌어간다.

비슷한 맥락으로 가정통신문을 걷을 때 "엄마가 안 해 줬어요."라고 말하는 경우가 있다. 그럴 때면 "해달라고 말씀드렸는데 엄마가 안 해 줄 거라고 하신 거야? 아니면 네가 전달하지 않았던 거야?" 다시 물어본다. 보통은 자신이 깜빡했다고 솔직히 이야기한다. "부모님께서 늦게 들어오셔서 못 가져왔어요."라고 말하는 학생에게는 "아침에 작성해 달라고 여쭤봤니?"라고 되물어본다. 대개는 자신도 잊어버렸다고 인정한다.

"선생님, 숙제 못 했는데 어떻게 해요?", "준비물 못 가져왔는데 어떻게 해요?"

이러한 질문 속에는 자신의 역할과 책임에 대한 인식이 부족하다. 가정통신문을 부모님께 전달하는 것, 숙제를 확인하고 챙기는 것, 준비물을 미리 준비하는 것 모두 자신이 스스로 해야 할 일들이다. 하지만 아이들은 이를 부모님의 책임으로 여기거나 자신에게는 잘못이 없다고 생각하며 상황을 바라볼 때가 있다.

아이들은 자신의 실수를 인정하는 것을 두려워하고 익숙하지 않아 한다. 혼날까 봐 두려워 반사적으로 남 탓을 하는 것이다. 책임을 지는 것보다 회피를 편하게 여기는 태도는 실수에 대한 처벌이나 비난이 먼저일 때 잘못에 대해 변명하는 방어기제로 발달한다. 자신의 실수나 잘못임을 인정하기보다는 환경과 타인의 잘못이라고 전가하면서 자신을 보호한다.

이러한 심리적 방어기제는 발달 과정에서 자연스럽게 나타나는 현상이기도 하다. 아이들은 아직 자아 정체성이 완전히 형성되지 않았고, 실패나 실수에 대한 수용력이 부족하다. 자존감을 보호하기 위해 무의식적으로 책임을 외부로 돌리기도 한다. 또한 인지적 발달 단계상 자신의 행동과 결과 사이의 인과 관계를 명확하게 판단하기 어려운 경우도 있다.

하지만 이렇게 변명하는 태도가 계속되면 문제가 생긴다. 항상 남 탓만 하다 보면 자신의 행동을 객관적으로 돌아보지 못한다. 그 결과 같은 실수를 반복하거나 갈등 상황이 계속되어 교우 관계에 어려움을 겪게 된다. 친구의 신뢰를 얻기 어렵고 진정한 우정을 쌓아가기 힘들다. 나아가 성인이 되어서도 책임감 있는 사람으로 성장하기 어려워질 수 있다. 직장이나 가정에서도 자신의 역할을 다하지 않고, 늘 다른 사람이나 상황을 탓하게 될 가능성이 크다.

이럴 때 아이의 변명을 무조건 야단치는 것은 도움이 되지 않는다. 어린이가 스스로 상황을 객관적으로 바라볼 수 있도록 도와야 한다. 갈등 상황에서는 각자의 이야기를 끝까지 들어주고, 자기 행동을 돌아보게 한다. 이때 중요한 것은 비난하지 않는 것이다. "너도 잘못했잖아."하고 콕 집어서 지적하기보다는 "이 상황에서 어떻게 행동하면 좋았을까?"라고 묻는다. 같은 상황이 발생하더라도 어떤 행동을 해야 하는지 스스로 생각해 보고 배운 아이들은 점차 달라진 모습을 보인다.

준비물이나 숙제도 마찬가지다. 교사가 일방적으로 답을 제시하기보다 아이가 스스로 방법을 생각해 보도록 이끈다. 대부분 아이는 "쉬는 시간에 해서 제출할게요."라고 하거나 "선생님, 빌려주실 수 있나요?" 하고 다시 물어본다. 또한 아이들이 책임을 질 때는 인정해 주는 것도 중요하다. "실수했지만 솔직하게 말해 줘서 고맙다.", "먼저 사과하는 건 용기가 필요한 일이야. 잘했어."와 같이 긍정적인 피드백을 준다. 이런 경험이 쌓이면 아이들은 실수를 인정하는 것이 혼나는 일이 아니라 성장의 기회라는 것을 깨닫는다.

교육의 목표는 아이들이 자신의 행동에 책임을 지고, 실수를 인정하며 더 나은 방향으로 성장할 수 있도록 돕는 것이다. "쟤도 그랬어요.", "엄마가 안 해 줬어요."와 같은 변명은 당장은 자신을 보호하는 것처럼 보이지만 장기적으로는 성장에 부정적인 영향을 준다. 교사가 해야 할 일은 학생들이 안전하게 실수할 수 있는 환경을 만들고, 실수로부터 배울 수 있도록 돕는 것이다. 떨리는 목소리로 실수를 인정하는 경험이 혼남의 신호가 아니라 성장의 시작임을 느낄 수 있도록 따뜻하게 품어 주고 싶다. 이런 경험들이 차곡차곡 쌓여 갈 때, 아이들은 자신의 행동에 책임지는 법을 배울 수 있다. 더 나은 선택을 할 수 있는 단단한 마음을 키울 수 있다. 그리고 언젠가는 실수조차도 자신을 성장시키는 소중한 경험으로 받아들이는 사람으로 자라게 된다.

선생님의 마음 노트

실수와 잘못을 인정하는 용기

아이들의 작은 손에 쥐여주고 싶은 것이 있습니다. 바로 실수와 잘못을 인정하는 용기입니다. 어린 마음은 참 솔직합니다. 잘못을 저질렀을 때의 당황스러운 눈빛, 무언가를 감추려는 몸짓, 그리고 누군가에게 책임을 돌리려는 작은 목소리. 모두 성장 과정에서 자연스럽게 드러나는 모습입니다. 그때 우리가 해야 할 일은 변명을 나무라는 것이 아닙니다. 아이의 마음 한구석에서 피어날 반성의 싹을 기다려 주는 것입니다. 스스로 돌아볼 시간을 주며 다음에는 어떤 선택을 할 수 있을지 생각해 볼 여유를 건네는 일입니다.

보건실에 가도 되나요?

마음의 안식처

　학기 초만 해도 주어진 활동을 열심히 하거나 친구들과 어울리던 수지가 시간이 흐르면서 점차 친구들 사이에서 겉돌기 시작했다. 또래에 비해 작은 체구, 다른 아이들보다 발달이 조금 더딘 수지는 서서히 학급에서 자신의 자리를 잃어가고 있었다. 4월쯤 되면 여자아이들은 단짝을 찾아 끼리끼리 모이는 경향이 강해지고, 남학생들은 운동장에 나가 노는 활동적인 무리와 교실에 남아 보드게임을 하는 무리로 나뉜다. 하지만 수지는 그 어느 곳에도 자연스럽게 스며들지 못했다. 학교생활이 점점 무료해졌고, 교실에서 보내는 시간은 몹시 지루해 보였다.

　어느 순간부터 "선생님, 배가 아픈데 보건실 가도 돼요?"라는 말이 잦아졌다. 처음엔 장염인가 싶어 걱정스러운 마음으로 보냈지만, 다음 날은 손가락이 아프다거나 다리가 아프다며 또다시 보건실을 찾았다. 수업 중에도 매시간 물을 마시러 가고 싶다, 화장실에 가고 싶다고 이야기했다. 책도 꺼내지 않고 연필도 학교에 가져오지 않았다. 함께 써 보자며 예시를 보여 주어도 얼굴에는 짜증이 가득했고, 마지못해 연필을 들고 교과서에 낙서만 할 뿐이었다.

　학교생활이 즐거운 아이들은 보건실을 찾는 일이 드물다. 습관적으로 아프다고 말하는 어린이는 대개 학교생활에 제대로 적응하지 못한 경우가 많다. 교우 관계를 맺지 못하거나, 학습에 어려움을 겪고 포기했거나, 자신감을 잃어버린 아이들이 이런 모습을 보인다.
　이런 어린이들에게는 의학적인 치료보다는 따뜻한 관심의 말이 필요하다. 친구들과 친밀감을 쌓고 성취의 기쁨을 느끼는 것이 무엇보다 중요하다. 마음이 불편하고 수업에 흥미를 느끼지 못할 때마다 찾아갈 곳이 있다는 사실이 수지에게는 다행일까. 아프다는 아이를 붙들어 둘 수는 없기에, 교실 밖으로 향하는 뒷모습이 자꾸 마음에 걸렸다.

　아이들에게도 각자의 세계가 있다. 교실 역시 하나의 작은 사회이기에, 나와 너의 경계를 긋고 친한 친구와 그렇지 않은 사람을 구분하려 한다. 이 사회 안에서는 학습이 느리거나 키가 유난히 작은 아이, 먼저 다가가기 어려운 아이들이 종종 소외되기도 한다. 학년이 올라갈수록 이런 현상은 더욱 뚜렷해진다.
　때로는 친구들과 어울리지 못하는 아이가 특별한 재능을 보이면, 아이들이 마음을 열고 다가가기도 한다. 그러나 대부분의 경우 또래보다 발달이 느리다는 공통점 때문에 특별한 재능을 발휘하기 어려운 경우가 많다.

　수지를 위해 여러 방법을 시도해 보았다. 작은 일이라도 칭찬을 해주고 친구들이 긍정적인 인식을 가질 수 있도록 적절한 역할을 맡겨주었다. 하지만 이미 형성된 또래 집단은 새로운 구성원을 받아들이는 데 회의적이었다. 억지로 붙여놓고 친하게 지내라고 하거나, 몰래 아이들에게 부탁해서 챙겨달라고 하는 것도 일 년 내내 지속하기 어려웠다. 인위적인 관계는 진정성이 부족하고, 아이들도 금세 알아차리기 때문이다.

서로 협력하며 갈등 없이 모두가 평등하고 평화로운 학급을 만드는 것은 이상적인 이야기다. 아이들도 사회적 존재이기에 자연스럽게 구별하고, 친구를 선택하고 거리를 두는 행동을 한다. 아이들의 이런 행동이 악의적이라는 것은 아니다. 다만 발달 단계상 자연스러운 현상이라는 것을 인정하고, 그 속에서 소외되는 아이들을 어떻게 도울 것인가를 고민해야 한다.

나는 수지에게 좀 더 관심을 갖고 이야기를 들어 줘야겠다고 마음먹었다. 친구들이 주지 못하는 따뜻함이라도 내가 줄 수 있다면, 그것만으로도 이 아이에게는 큰 힘이 될 것이다. 완벽한 교실 공동체를 만들 수는 없을지라도, 적어도 나만이라도 이런 아이들의 친구가 되어 주고 싶다. 보건실로 향하는 아이의 뒷모습을 그저 지켜보기만 하는 것이 아니라, 그 마음의 아픔을 어루만져 줄 수 있는 어른이 되고 싶다.

아이가 교실에서 외로워할 때, 최소한 한 사람만은 자신의 편이라는 것을 느낄 수 있기를 바란다. 그리고 언젠가 이 아이도 진정한 친구를 만나길 바라며, 오늘도 아이의 작은 이야기에 귀 기울여본다.

 선생님의 마음 노트

한 사람의 온기

모든 아이가 교실 속에서 제자리를 찾는 것은 생각만큼 쉽지 않습니다. 또래와 자연스럽게 어울리지 못해 외로워하는 아이들에게 필요한 것은 진심으로 자신을 지켜봐 주고 경청해 주는 '안전한 한 사람' 아닐까요. 아이의 이야기를 귀 기울여 들어주는 단 한 사람의 존재는 마음의 균형을 지탱해 주는 버팀목이 됩니다. 그 한 사람의 온기가 아이가 세상과 다시 연결될 작은 다리가 됩니다. 비록 모든 문제를 해결해 줄 수는 없을지라도, 오늘도 저는 그 한 사람이 되기로 합니다.

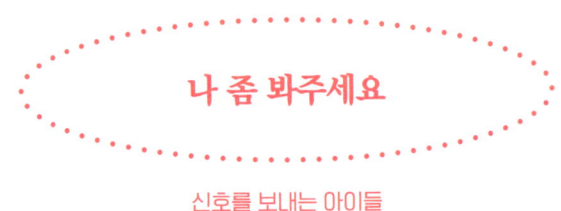

신호를 보내는 아이들

 교실에서 만나는 학생들은 저마다 다른 이야기를 품고 있다. 그중에서도 유독 마음이 쓰이는 아이들이 있다. 늘 갈등의 중심에 서 있는 아이, 자신이 늘 피해자라고 생각하는 아이, 속상한 마음을 모두가 싫어할 만한 방식으로 해소하는 아이까지.

 교실 한쪽에서 한 아이가 혼자 조용히 블록을 쌓고 있었다. 다른 친구들과 잘 어울리지 못하는 학생이지만, 그 순간만큼은 자신만의 세계에 온전히 집중하고 있었다. 둥글게 나무 블록을 배치하며 무언가를 만들어 가고 있는 바로 그때, "퍽!" 하는 소리와 함께 블록들이 사방에 나뒹굴었다. 아무 말도, 아무런 이유도 없이 누군가 블록탑을 발로 차버린 것이다. 순식간에 엉망이 된 블록과 함께 아이의 얼굴도 일그러졌다. 눈물이 그렁그렁 맺힌 모습을 보니, 그런 행동을 한 진호에게 화가 나고 당황스럽기도 했다.

진호는 평소 다른 아이들과 자주 부딪히는 학생이다. 자신의 감정을 다루는 데 어려움을 겪기에 평소에도 많은 대화를 나눴다.

"진호는 참 좋은 점이 많은데 가끔 친구들을 불편하게 하는 행동 때문에 네 좋은 점들이 가려지는 것 같아. 선생님은 그게 아쉽고 속상해. 화가 날 때는 너의 감정과 바라는 점을 친구에게 말로 표현해야 하는 거야. 어려우면 언제든 선생님에게 도움을 청하렴. 친구를 치고 가거나 손을 꺾는 등 신체적인 위협은 절대 해서는 안 돼."

매일의 일과를 기록하며 빠지지 않고 등장하는 진호. 물어보면 몰랐다고 발뺌하거나 친구를 세게 밀치고서도 안보였다고 시치미를 떼는 아이를 볼 때면 가슴이 답답했다. 장점에 주목해 칭찬도 하고 격려의 말도 건넸지만, 나의 말들은 허공으로 흩어지는 것 같았다.

그날도 진호를 조용히 불렀다.

"친구가 어떤 기분이었을까?"

침묵으로 일관하는 아이를 붙들고, 어떻게 행동해야 하는지를 하나씩 짚어 주었다. 사과는 단순히 "미안해."라는 말로 끝나는 것이 아니라, 다시는 같은 행동을 하지 않겠다는 마음까지 담겨 있다는 것도 알려 주었다. 그 마음이 행동으로 이어질 때 진심 어린 사과가 된다는 점을 함께 나누었다.

관심이 필요하다는 걸 이렇게 표현하는 걸까. 평소에도 아이들과 어울리지 못할 때면 내게 이런저런 이야기를 늘어놓으며 칭찬받기를 원한다. 사람들과 연결되고 싶은 욕구가 진호에게도 분명히 있다. 그래서 잘하는 걸 찾아 친구들 앞에서 칭찬해 주고 성공 경험을 쌓아 갈 수 있도록 애써 왔다.

하지만 진호에게는 내가 채워 줄 수 없는 깊은 결핍이 있는 것 같다. 부정적인 관심이 무관심보다 낫다는 걸 학습했거나, 자신이 받은 상처를 다른 사람에게 전가하는 방식으로 내면의 아픔을 표현하는 것일 수도 있다. 그 사실을 알기에 매번 문제행동을 하는 진호를 볼 때마다 마음이 복잡해진다. 이런 학생들을 지도할 때는 많은 에너지와 인내심이 필요하다. 변하지 않는 아이를 지켜보면서, 온전히 교사 한 명에게만 맡겨 두고 변화를 기대하는 게 과연 가능할까 싶어 무력해질 때가 있다.

"학교에 상담실은 없나요?"라고 묻는 사람도 있지만, 모든 학교에 상담교사가 상주하는 것은 아니다. 일주일에 한 번 찾아오는 상담 선생님을 기다려야 하며, 부모님의 동의가 있어야만 상담이 이루어진다.

진호가 진정 필요로 하는 것은 단순한 훈계가 아니라 지속적이고 전문적인 관심과 도움일 것이다. 하지만 한 명의 교사가 여러 아이를 돌보는 현실은 각각의 마음을 깊이 들여다볼 여유를 허락하지 않는다. 아이들과 지친 교사들의 속마음을 보듬어 줄 전문 인력이 더 늘어난다면, 진호와 같은 아이들도 있는 그대로의 자신을 인정받고, 따뜻한 관심과 사랑을 받을 수 있을 것이다.

오늘도 진호는 어딘가에서 누군가의 관심을 끌기 위해 애쓰고 있을지도 모른다. 마음 깊은 곳에 있는 외로움을 누군가 알아차려 주기를 바라면서.

 선생님의 마음 노트

곁을 지키는 어른이 되고 싶어요

내 시선 하나로, 몇 마디 말로 아이의 결핍을 모두 채우는 것은 불가능합니다. 그럼에도 곁을 지켜 주는 어른이 되겠다고 다짐합니다. 누군가 끝까지 옆에 있어 준다는 경험이 아이의 마음 깊숙이 스며들어, 언젠가는 그 마음의 모양을 바꿀 수 있다고 믿기 때문입니다. 하지만 모든 아이를 다 이해하려 너무 애쓰지는 마세요. 그러다 보면 정작 나 자신을 잃어버리게 됩니다. 먼저 나를 돌보며 아이들 곁을 지켜주는 것만으로도 충분합니다.

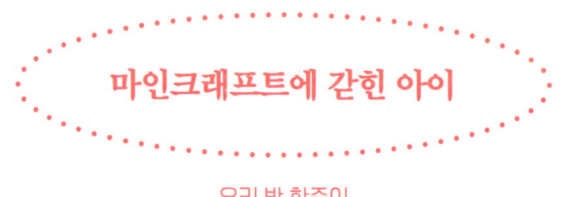

우리 반 한준이

 3월 첫날, 자기소개 시간이었다. 아이들은 자신을 표현할 수 있는 세 단어로 자신을 소개했다. 대부분이 취미, 가족관계, 좋아하는 음식 같은 걸 이야기했지만 한준이는 조금 달랐다.
 "저는 이한준입니다. 제가 소개할 단어는 스티브, 엔더 드래곤, 레드스톤입니다. 저는 마인크래프트를 좋아하고 스티브가 제 캐릭터입니다. 어제 엔더 드래곤을 잡았고, 지금 거대한 성을 짓고 있습니다. 레드스톤 회로로 자동문도 만들었습니다." 보통 자기소개는 1분 내외인데, 한준이는 3분이 넘도록 마인크래프트 이야기를 이어갔다. 처음에는 집중해서 듣던 아이들도 점점 지루한 표정을 짓기 시작했다. 나는 적당한 타이밍에 말을 끊어야 했다.
 "한준이가 마인크래프트를 정말 좋아하나 봐요. 쉬는 시간에 친구들에게 좀 더 자세하게 소개해 주세요. 다음은…."
 "아, 선생님. 그리고요. 저 네더에서 글로우스톤도 많이 캤어요!"

그날부터 한준이의 모든 대화는 마인크래프트로 시작해서 마인크래프트로 끝났다. 쉬는 시간마다 교실을 어슬렁거리며 친구들에게 자신이 만든 건축물을 자랑했지만, 관심 없는 아이들은 점점 차갑게 반응했다.
"한준이 또 마인크래프트 이야기한다."
"우리 그냥 밖에 나가서 놀자."
한준이는 마인크래프트라는 자기만의 세계에 빠져서 일상적인 대화가 어려워 보였다. 책을 소개할 때도, 미술 작품을 만들 때도 마인크래프트가 중심이었다. 사회 시간에는 교과서를 꺼내지 않고 멍하게 앉아 있고 이름을 불러야 겨우 연필을 들곤 했다. 수학 익힘책에는 온통 마인크래프트 맵이 복잡하게 그려져 있었다. 한준이의 현실은 게임 속 세상이었다.

친구들과의 관계는 날이 갈수록 나빠졌다. 한준이는 왜 친구들이 자신을 피하는지 이해하지 못했고, 그럴수록 자기 말을 무시했다며 화를 냈다. "야! 내 말 끝까지 들어! 너는 이것도 못 하잖아!"라고 이야기하거나, 짝꿍의 책이 한준이 책상 쪽으로 조금만 넘어와도 "야! 여기 내 자리야!"라고 소리를 질렀다. 처음에는 짝꿍이 미안하다며 바로 치웠지만, 이런 일이 반복되자 반 아이들 모두 한준이를 피하기 시작했다. 나는 종종 한준이를 진정시키고 상황을 수습해야 했다.
"한준아, 친구들이 네 이야기를 듣기 싫어할 수도 있어. 모두 다 마인크래프트에 관심이 있는 건 아니거든. 또 친구들도 하고 싶은 이야기가 있을 거야."
"하지만 선생님, 제가 만든 거 정말 멋있는데요. 제 이야기를 들으려

고도 안 하는 걔들이 잘못된 거 아니에요? 그리고 애들이 먼저 저 보고 뭐라고 하면서 웃었어요." 한준이는 다른 사람의 처지에서 생각해 보고, 상대방의 관심사를 고려하는 데 어려움을 겪는 아이였다.

한 달 후, 한준이 어머니와 상담했다. 어머니께서는 한준이가 수업에 집중을 잘하는지 궁금해하셨고 나는 한준이의 학교생활 전반에 대해 말씀드렸다. 수업 참여도가 낮고 모든 대화가 게임 이야기로 흘러가는 점, 그리고 최근 들어 친구들과의 갈등이 잦아지고 있다는 점까지 솔직하게 전했다.

"한준이가 하루에 전자기기를 몇 시간 정도 사용할까요?"

"아. 제가 일을 하고 있어서 한준이를 잘 챙겨주지 못해요. 아이 아빠도 그렇고요. 집에서 주로 게임을 하면서 시간을 보내니까 하루에 4시간 이상씩은 게임을 하는 것 같네요."

"매일 4시간 이상을 하나요?"

"그렇죠. 아무래도…. 주말에는 하루 종일 할 때도 있고요."

어머니께서는 한숨을 쉬셨다. 그 한숨 속에는 일과 육아를 병행하는 고단함, 아이에게 충분히 신경 쓰지 못하는 죄책감, 그리고 어떻게 해야 할지 모르는 막막함이 고스란히 담겨 있었다.

나는 게임 시간을 줄이는 방법과 다양한 경험의 중요성을 설명하며, 가정에서의 협조가 필요하다고도 부탁드렸다. 규칙을 만드는 과정에서 아이의 생각을 충분히 듣고, 약속을 정해 일관성을 유지하면 자연스럽고 긍정적인 게임 습관을 만들 수 있을 거라고 덧붙였다. 하지만 마음 한쪽에는 의구심이 남았다. '과연 한준이가 게임 시간을 줄일 수 있을까? 바쁜 부모님이 한준이를 위해 따로 시간을 내어 게임 외 활동을 함께 할 수 있을까? 내가 제시한 방법들이 한준이에게 실질적인 도움이 될까?'

상담이 끝난 뒤에도 한참 동안 책상에 앉아 있었다. 갈등 상황이 발생할 때마다 원만하게 해결하려 애써보지만, 한준이의 행동을 불편하게 여기는 아이들이 늘어났다. 도움을 주고 싶은데 나의 말이 아이에게 전혀 닿지 않는 걸 지켜보는 일은 참 힘이 들었다. 나도 사람인지라 같은 일이 계속 반복되면서 점점 지쳐가고 있었다.

쉬는 시간 내내 아이들을 붙들고 상담했더니 온종일 편두통에 시달렸다. 퇴근하자마자 병원에서 처방받은 약을 먹고 침대에 뻗어 버렸다. 이런 내 모습을 보고 남편이 무슨 일이 있냐며 물었다. 내 고민을 조용히 듣던 남편은 교실에서 일어났던 일 전부 매일 전화해서 알리라고 하는데, 정말 그게 도움이 될까? 매일 반복적으로 문제행동에 대해서 전달하면 보호자에게 부정적인 감정만 유발할 수 있다. 또한 자녀에 대한 실망감이나 좌절감을 느끼고, 아이는 되려 더 소극적으로 변할 위험도 있다. 지나친 연락은 아이의 프라이버시를 침해할 수 있고, 학교에서 나를 감시한다는 부담감에 괴로울 것이다. 과도한 부담감이 교사에 대한 불신으로 이어질 가능성도 있다. 이런저런 생각이 머릿속을 떠나지 않아서 괴로웠다. 퇴근 후에는 학교 스위치를 꺼야 하는데 그게 잘 안됐다. 결국 유튜브를 뒤적이며 게임 중독인 아이 지도법과 교우 관계에 어려움이 있는 학생 지도 영상을 계속 찾아보았다.

모든 아이를 다 품고 간다는 게 참 어렵다. 한준이처럼 특별한 관심과 도움이 필요한 아이가 있는가 하면, 학습 부진이나 가정환경으로 어려움을 겪는 아이들도 있다. 제각기 다른 필요와 어려움을 가진 아이들을 모두 품는 것은 불가능할지도 모른다. 하지만 그 안에서도 내가 할 수 있는 일이 있다. 작은 변화라도 놓치지 않고 칭찬해 주는 것, 포기하지 않고 꾸준히 관심을 갖는 것이다. 혼자 모든 것을 해결하려 하기보다 보호자, 상담사, 동료 교사들과 함께 아이를 둘러싼 울타리가 되어 주는 것이 더 현실적이고 지속 가능한 방법일 것이다.

아이를 향한 마음을 쉽게 놓지 않는 교사가 되고 싶다. 지치지 않도록 나 자신을 돌보며 긴 호흡으로 아이들과 함께 성장해 가고 싶다. 당장 눈에 띄는 변화가 없더라도 그런 내 모습 자체가 아이에게는 의미 있는 메시지가 될 거라고 믿는다. 내가 한준이를 생각하는 만큼 아이도 나름대로 애쓰고 있을 거라고 오늘도 마음속으로 조용히 되뇌어 본다.

 **선생님의 마음 노트**

다정함의 조건

다정함은 마음만으로 생기지 않습니다. 체력과 여유가 뒷받침될 때 가능합니다. 지친 나를 먼저 돌볼 때 아이를 끝까지 품을 수 있습니다. 완벽하지 않아도 괜찮습니다. 내가 애쓰는 만큼 아이도 노력하고 있고, 우리는 그 불완전함 속에서도 함께 걸어가고 있으니까요. 상처가 아이의 전부는 아닙니다. 그 안에는 여전히 가능성과 빛나는 내면이 자리하고 있습니다.

내가 나에게 건네는 작은 위로가 아이에게 전해져, 마음을 어루만지는 따뜻한 손길이 되기를 바랍니다.

5부

그래도,
상처를 딛고 서는 희망

"오늘도 꿈을 꿉니다"

봄에도 캐럴을 듣습니다

나를 위한 작은 축제

출근길에 비가 내렸다. 겨울은 아니지만 오랜만에 캐럴을 들으며 차를 몰았다. 5월의 비 내리는 아침, 크리스마스 캐럴의 따뜻하고 포근한 선율이 묘하게 잿빛 하늘과 어울렸다. 크리스마스 때만 이런 노래를 들으란 법이 어디 있겠는가.

캐럴의 어원을 찾아보니 '빙글빙글 돈다.' 또는 '둥글게 둘러서서 춤을 추는 춤과 노래'라고 한다. 지금이야 성탄절과 종교적 의미가 가미된 곡으로 여겨지지만, 원래는 축제에서 사람들이 함께 모여 춤추고 부르는 즐거운 노래를 가리키는 말이었다. 그 본래의 의미를 되새기니, 계절을 초월한 내 선택에 힘이 실렸다.

특히 "Let it snow! Let it snow! Let it snow!"를 흥얼거리게 되는 그 신나는 캐럴은 이례적인 폭염 속에서 더위를 피하려 상상 속의 겨울을 그리며 만들어진 곡이라고 한다. 〈Have yourself a merry little Christmas〉도 여름에 작곡되었다는 걸로 미루어보아, 척박한 현실 속에서 무언가를 간절히 갈망할 때 상상했던 것보다 더 아름다운 것들을 창조해 낼 수 있다는 생각이 든다.

  캐럴을 들으며 문득 깨닫는다. 내가 처한 환경이 상상하던 것과 다를 때, 그 격차가 너무 커서 지치고 힘들 때 품게 되는 작은 희망들이 모여 더 나은 내가 될 수 있다는 것을. 선생님으로서 원치 않는 상황들을 마주하며 학생들 앞에 힘겹게 서 있는 많은 동료 교사에게도 이런 봄날의 캐럴 같은 따뜻한 순간들이 찾아오기를 바란다. 교직 외에 다른 길을 꿈꾸고 있는 선생님들에게도, 무엇이 되었든 지금의 힘든 상황을 발판 삼아 한 걸음 내디딜 수 있으면 좋겠다.

  그래서 나는 가끔 계절과 어울리지 않는 노래를 일부러 듣는다. 아직 크리스마스가 되려면 한참 멀었지만, 나 홀로 축제 기분을 내며 하루를 시작한다. 최근 몇 년간 견뎌낸 고된 시간, 그리고 아직도 통과해 나가는 중일지도 모르는 이 터널 속에서, 선생님들의 마음이 잠깐이라도 평온해지기를 바라며 캐럴을 따라 불러 본다.

  비는 여전히 내리고 있다. 그러나 차창 밖 풍경이 조금은 다르게 보인다. 캐럴의 온기가 스며든 탓일까, 아니면 계절을 거스르는 선택이 주는 자유로움 때문일까. 어쨌든 오늘 하루는 작은 축제가 될 것만 같다.

선생님의 마음 노트

언제든 찾아올 마음의 봄

우리는 종종 주어진 상황이 마음을 좌우한다고 생각하지만, 가끔 그 틀을 살짝 벗어나는 시도가 삶에 온기를 더해 줍니다. 현실이 기대와 다르고 하루하루가 무겁게 느껴질 때, 계절을 거슬러 부르는 캐럴처럼 자신을 위한 작은 축제의 순간을 만들어보세요. 완벽한 상황이 오기를 기다리기보다, 불완전한 오늘 속에서도 기쁨을 찾고 마음속 전등을 켜는 시간이 필요합니다. 삶의 계절이 겨울일지라도, 마음 한편에 작은 축제를 벌일 때 언제든 봄이 찾아옵니다.

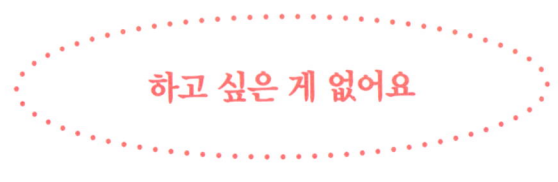

하고 싶은 게 없어요

내 꿈은 돈 많은 백수

'어른이 되면 하고 싶은 일'을 주제로 글쓰기 과제를 낸 적이 있다. 술을 마셔 보고 싶다는 이야기, 친구들과 여행 가고 싶다는 바람부터 카페 창업, 프로게이머, 유튜버 같은 장래 희망까지 이어졌다. 그런데 그중 유독 자주 등장하는 꿈이 있었으니, 바로 '돈 많은 백수'였다. 돈 많은 백수가 되면 뭘 할 거냐고 물어보니 아무것도 안 하고 싶단다. 게임을 하고 맛있는 것을 먹고 편하게 살고 싶다는 아이들.

내가 어릴 때 아이들의 꿈은 좀 더 다양했던 것 같다. 과학자, 우주비행사, 선생님, 피아니스트 등 다양한 직업군이 있었고, 꿈이 없던 아이도 감히 "아무것도 하고 싶지 않아요."라고 말하지 못했다. 그런데 어느 순간부터 아이들은 돈 많은 백수를 꿈꾸기 시작했다. 왜 그런 걸까? "사는 게 힘들어?"라고 물어보면 힘들다며 고개를 끄덕인다. 고작 열 살 남짓한 아이들의 사는 게 힘들다는 말에 입맛이 씁쓸해진다.

아이들은 주변 어른들을 모델로 삼아 꿈을 키운다. 유명 유튜버들의 수입, 코인으로 평생 먹고 살 만큼의 돈을 번 사람들의 이야기에 쉽게 현혹된다. 부동산 투자로 엄청난 돈을 쉽게 벌어들이는 연예인의 기사를 접한 아이들은 노력의 가치를 깎아내리기도 한다. 오죽하면 "노오력이 부족하다."라는 말로 열심히 살아가는 이들을 비웃기까지 할까.

고생만 많고 보수는 적은 직장인, 힘들게 일해도 원하는 삶을 누릴 수 없는 현실, 집 한 채 갖기조차 어려운 세상이란 말을 듣고 자란 아이들은 쉽게 회의감에 빠진다. 그래서 최소한의 노력만으로 최대의 행복을 누리고, 아무것도 하지 않고 돈만 많은 삶을 꿈꾼다. 정작 그렇게 되면 무엇을 할지도 모른 채. 그저 경제적 풍요가 곧 행복이라고 믿는다.

이런 아이들을 어른들이 비난할 수 있을까? 단순히 나태하다고 평가할 수 있을까? 아이들이 편안한 삶을 꿈꾸는 건, 각박한 현실에서 자신을 보호하기 위한 일종의 저항일지도 모른다. 아이들의 꿈을 보며 우리 사회가 나아가야 할 방향을 고민해 보아야 한다. 지금 사회는 일과 삶의 균형을 이루기 어려운 곳이라는 방증일지도 모르기 때문이다.

모든 아이에게 각자의 재능과 열정을 쏟을 수 있는 환경이 주어져야 한다. 획일적인 성공 모델이 아닌 다양한 삶의 방식이 존중받는 사회, 실패를 딛고 다시 일어설 수 있는 안전망이 있는 사회가 필요하다. 한탕 크게 벌었다는 자극적인 보도보다, 노력으로 자신의 삶을 일궈가는 사람들의 이야기가 아이들에게 더 자주 전해졌으면 좋겠다.

돈 많은 백수가 되고 싶다는 아이들에게도, 백수로 살더라도 죽기 전에 해 보고 싶은 것 하나쯤은 마음에 품었으면 좋겠다. 단순히 아무것도 하지 않는 삶이 아니라, 자신만의 속도와 방식으로 살아가는 삶을 꿈꿀 수 있기를 바란다. 노력해도 괜찮은 사회, 좋아하는 일을 하며 의미를 느낄 수 있는 사회를 마음껏 상상하며 자라나기를 바란다.

 아이들의 하루가 유튜브 쇼츠 보기처럼 소비적인 시간으로만 채워지는 게 안타깝다. 지친 아이들에게도 휴식과 오락은 필요하지만, 그것만으로는 진정한 만족감과 자기 효능감을 얻기 어렵다. 무언가를 스스로 만들고, 표현하고, 나누는 경험을 통해 자신의 가치를 발견해 나가기 때문이다.
 아이들이 스스로 삶을 창조해 나가길 바라며 한참 동안 이야기했다. 마흔이 넘은 선생님도 하고 싶은 일 하나쯤은 마음에 품고 살아간다고, 조금씩 그 꿈에 가까워지고 있다는 말을 전하며 너희도 그랬으면 좋겠다고 간절하게 외쳐 보았다. 이 말이 그저 꼰대의 잔소리로 휘발되지 않기를 바라면서, 어른들의 역할에 대해서도 생각해 보았다. 그런 사회를 만들어 주지 못한 것 같아 미안한 마음도 든다.

 **선생님의 마음 노트**

아이들에게는 여백이 필요합니다

아이가 "하고 싶은 게 없어요."라고 말할 때 필요한 것은 평가나 강요가 아니라, 생각과 감정을 있는 그대로 표현할 수 있는 안전한 공간입니다. 귀 기울여 들어주고 따뜻하게 격려할 때, 무기력한 마음에서 조금씩 벗어날 수 있습니다. 예측할 수 없는 미래를 살아갈 아이에게 가장 소중한 것은 지식이 아니라 자기 내면을 들여다보고 자신만의 목소리를 찾는 힘입니다. 그러기 위해서는 여백이 필요합니다. 멍하니 하늘을 바라보고, 별것 아닌 일에 몰두해 보는 경험이 쌓일 때 아이는 조금씩 자기만의 색깔을 찾아갈 거라고 믿습니다.

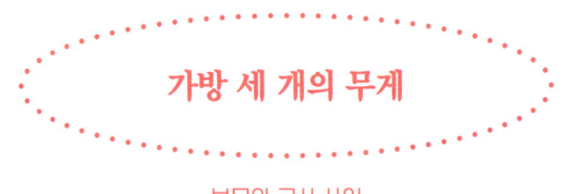

가방 세 개의 무게

부모와 교사 사이

 나는 매일 아침 세 개의 가방을 챙긴다. 하나는 출근용, 나머지 두 개는 두 딸아이의 가방이다. 아침마다 물병을 채우고 수영 학원을 가는 날에는 수영 가방도 현관 앞에 놓아둔다. 교사와 부모, 두 개의 정체성을 매일 짊어지고 하루를 시작하는 셈이다.

 4월 초가 되면 일주일 동안 학부모 상담 주간이 이어진다. 이때는 학부모님들로부터 학생에 관한 이야기를 듣고, 궁금한 점에 대해 성심껏 답해드린다. 관찰기록과 아이들이 적어 준 비밀 쪽지를 바탕으로 상담을 진행하지만, 학교생활에 어려움을 겪는 학생의 부모님과 마주할 때는 마음이 늘 무겁다. 교사로서 사실을 전해야 하지만, 그 말을 듣는 부모의 마음 또한 너무 잘 알기 때문이다.

 몇 해 전 상담 장면 하나가 떠오른다. 수빈이는 종종 책상에 엎드려 있거나 창밖을 바라보며 활동에 집중하지 못하곤 했다. 친구들과 작은 갈등이 생기면 화가 나 교실 밖으로 뛰쳐나가기도 했다. 그럴 때마다 아이를 찾아다니며 마음을 읽어 주고 격려했지만, 내 말이 닿지 않는 듯해 속상할 때가 많았다.

상담 시간, 교실 문이 열리고 어머니께서 들어오셨다. 환한 웃음 속에서 긴장과 설렘이 묻어났다. 엄마에게 아이가 얼마나 특별한 존재인지 알기에 한마디 한마디가 조심스러웠다.
"선생님, 우리 아이 학교생활은 어떤가요?"
어머니의 질문에 무거운 마음을 가라앉히며 말을 꺼냈다.
"수빈이는 정말 장점이 많은 아이예요. 이해력도 뛰어나고, 책을 많이 읽어서인지 배경지식도 풍부해요. 퀴즈 활동에서는 친구들이 어려워하는 문제도 척척 맞히곤 하지요. 다만…. 흥미를 느끼지 못하는 활동에는 참여를 주저하다 보니 친구들과 갈등이 생기기도 합니다."
어머니의 얼굴이 굳어지는 걸 보며, 내 말 한마디가 지닌 무게를 실감했다. '좋은 점에 관해 더 많이 이야기해드릴걸'하는 후회가 나를 짓눌렀다. 울음을 삼키며 힘겹게 말씀을 이어가시는 어머니의 모습이, 바로 전날 딸아이 상담 때 느꼈던 복잡한 감정과 겹쳐져 더욱 가슴 깊이 와닿았다.

친구에게 먼저 다가가는 걸 어려워하는 첫째 아이. 선생님께서 혼자 앉아 그림만 그리는 첫째가 신경 쓰이셨는지, 몇몇 아이들에게 같이 공기놀이를 해 보라고 권유하셨다. 그런데 이 녀석이 공기놀이를 잠시 하다가 멈추고, 조용히 구석으로 자리를 옮겨 혼자 연습을 이어갔다고 한다. 그 모습을 보며 선생님은 '친구들과 어울리는 걸 즐기지 않는구나.'

라고 생각하셨다는데, 사실은 자신이 놀이를 방해하는 것 같아 빠진 것일 테지. 늘 혼자 있어도 괜찮다고 말하지만 내심 친구를 그리워하는 속마음을 알기에 눈물이 핑 돌았다. 구석에서 혼자 공기를 던지고 받는 딸의 모습이 아른거렸다. 요즘 틈만 나면 집에서 공기놀이 연습을 하는 이유가 친구들과 더 잘 어울리기 위해서라는 걸 상담을 통해 알게 되었다. 내가 할 수 있는 일은 묵묵히 지켜봐 주고 기다려 주는 것뿐이라, 학교에서 돌아온 아이를 꼭 안아 주었다. 도와주고 싶지만, 방법을 몰라 답답한 마음과 아이에 대한 애틋한 마음이 상담을 오신 어머니에게도 그대로 느껴졌다. 나는 다시 마음을 다잡고 말씀드렸다.

"어머니께서 애써주신 덕분에 수빈이의 태도도 조금씩 좋아지고 있습니다. 최근에는 친구가 생기면서 표정도 한결 밝아지고, 모둠 활동에도 적극적으로 참여하고 있어요. 낯선 관계가 주는 긴장감이 아이에게는 여전히 크겠지만, 마음이 편안해지면 활동에도 더 자연스럽게 참여할 수 있을 거라 믿습니다."

무거운 발걸음으로 교실을 나서는 어머니의 뒷모습에 조용히 응원을 보냈다. 아픈 진실을 마주하는 시간을 통과하고 나면, 아이와 부모 모두에게 더 편안한 날이 찾아올 것이다. 험난한 여정일 수도 있지만, 그 길에서 지치지 않고 함께 성장해 나가길 바란다. 언젠가 오늘의 눈물을 떠올리며 서로를 더 꼭 안아줄 수 있기를, 그리고 나 역시 그럴 수 있기를 간절히 소망한다.

부모와 교사 사이의 경계에서 두 역할을 해내야 하는 것이 때로 버겁고 혼란스럽지만, 그것이 오히려 양쪽의 마음을 더 깊이 이해하는 축복이 될 수 있다는 걸 느낀다. 상처받기 쉬운 부모의 마음을 알기에 더 조심스럽게 다가갈 수 있고, 교사의 고민을 알기에 좀 더 열린 마음으로 선생님의 피드백을 받아들일 수 있다.

며칠 뒤 월요일 아침이 되면 나는 다시 세 개의 가방을 챙길 것이다. 교사의 가방과 아이들의 가방. 그리고 그 가방 사이에서 균형을 찾아가는 것이 내 삶의 과제임을 받아들이며, 웃으며 아이들 앞에 서야겠다고 다짐한다.

지치지 않고 함께 걷는 길

어쩌면 우리는 모두 아이의 이름을 불러 줄 때마다 같은 걱정과 애틋한 마음을, 기쁨과 행복으로 서로의 하루를 껴안고 있을지도 모르겠습니다. 흘렸던 눈물이 언젠가 희망으로 바뀔 수 있기를, 지치지 않고 함께 성장할 수 있기를 진심으로 응원합니다.

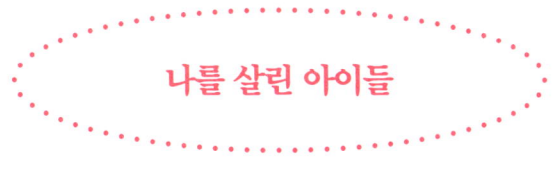

나를 살린 아이들

견디며 살아가는 선생님들께

    교사는 오랫동안 학생들의 장래 희망 순위에서 상위권을 차지하곤 했었다. 그런데 어느 순간부터 교대 입학 성적이 떨어졌다는 기사를 접하게 되었고, 학부모 민원으로 고통받는 선생님의 이야기도 자주 들렸다. 서이초 선생님의 죽음 이후에도 선생님들의 안타까운 소식이 이어졌다. 그때마다 분노하고 애도했지만, 어딘가에서는 여전히 괴로움에 삶의 의지를 잃어가는 선생님들이 있을지도 모른다는 생각에 마음이 무거워졌다.

    나 또한 이런 일에서 완전히 자유롭지 못했다. 너덜너덜해진 마음을 엉성하게 이어 붙이고 이를 악물고 학교를 나갔던 날들이 떠오른다. 출퇴근길 차 안에서 수없이 울었다. 하늘이 유난히 파랗기만 해도 눈물이 났고, 음악을 듣다가도 걷잡을 수 없이 눈물이 쏟아졌다. 그저 이런 일로 힘들어하는 나 자신이 싫었다. '아무것도 아니다, 아무것도 아니다, 주어진 일만 해내면 된다.'라며 수도 없이 나를 다그쳤다.

    선생님들의 죽음을 접하고 내 안에 팽팽하게 당겨진 실 하나가 툭 끊어져 버렸다. 안간힘을 쓰며 버티고 있던 터였기에 젊은 죽음이 너무나도 안쓰럽고 가슴 아팠다. 며칠 동안 침대에 누워 울었던 기억이 난다. 참석한 집회의 검은 물결을 보며 온몸에 소름이 돋았다. 선생님들과 함께 참담한 마음을 나누며, 슬픔과 분노, 안타까움을 토해 냈다.

마음이 무너지면서 몸 상태도 나빠졌다. 음식을 제대로 삼키지 못했고, 애써 먹은 걸 토해내기 일쑤였다. 순식간에 체중이 7kg이나 빠졌다. 학교 화장실에서 구역질하다가도 아이들 앞에서는 웃음을 지었다. 그러던 어느 날 집으로 돌아가는 길, 갑자기 손이 벌벌 떨리고 이유도 모를 눈물이 쏟아졌다. 어찌할 바를 모르고 가쁜 숨을 헐떡였다. 무서웠다.

더는 학교를 나갈 수 없겠다는 생각에 결국 병원을 찾았고, 힘겹게 "쉬어야겠다."라고 말할 수 있었다. 아이들에게 선생님이 갑자기 학교를 나오지 못하게 되어서 미안하다는 말을 전했다. 나를 위해 울어 주던 아이들을 보니 걷잡을 수 없이 눈물이 났다. 날 위해 남아서 편지를 쓰고 있는 아이들을 보고 간신히 참아 낸 눈물이 다시 터져 버렸다. 학생들이 이렇게도 예쁜데 나는 왜 여기에 있지 못하는 걸까. 왜 나는 그동안 몸담았던 교직을 그만두려 하는 걸까.

학교를 나가면 무엇을 할 수 있을지 주변을 살펴보기 시작했다. 이런 선생님들이 많다는 사실을 이용해 자신에게 맞는 새로운 일자리를 함께 찾아보자며 고액의 컨설팅 비용을 요구하는 사람도 만났다. 유료로 운영되는 독서 모임에 나갔고, 꿈꾸며 살아가고 있는 사람들을 보았다. 가족에게도 내 상태를 솔직히 털어놓았다. 언제든 그만둬도 된다는 대답이 돌아왔다. 고마웠다.

추가 서류를 제출하러 학교에 찾아갔을 때 기분이 참 이상했다. 아이들이 수업에 참여하는 소리, 조잘대는 소리에 마음 한구석이 계속 울렁거렸다. 수업하는 교실 앞에서 좀처럼 발걸음이 떨어지지 않았다. 내가 정말 교직을 싫어했던 걸까. 아이들과 함께했던 행복한 순간들이 스쳐 지나갔고, 마음을 나누던 기억들이 나를 붙잡았다. 한 번만 더 아이들 곁으로 가 보자는 마음이 생겼다. 내 안에 쌓여 있던 반짝이는 아이들의 모습이 나를 다시 아이들 앞으로 서게 했다.

아직도 많은 선생님이 힘겹게 하루를 견디며 아이들 앞에서 서 계실 거라고 생각한다. 그분들께 선물같이 찾아온 행복한 순간들, 아이들의 따뜻한 말, 웃음, 눈빛을 차곡차곡 마음속에 저금해 두셨으면 좋겠다는 말씀을 전하고 싶다. 나를 살게 했던 그 순간들이 선생님들에게도 힘이 되었으면 좋겠다고, 어떤 길을 선택하시든 간에 그런 순간들이 선생님을 살게 할 거라는 이야기를 전하고 싶다.

 **선생님의 마음 노트**

아이들이 남긴 사랑의 흔적

가끔은 교사의 책임이 너무 무겁게 느껴져 벼랑 끝에 선 것만 같을 때가 있었습니다. 아이들의 성장을 지켜보는 일은 분명 보람되지만, 때로는 내가 할 수 있는 일이 아무것도 없다고 느껴져 마음이 무너지기도 합니다. 그럴 때 나를 붙잡아 준 건 다름 아닌 아이들이었습니다. 함께한 순간의 온기가 모여 이 자리에 서 있는 의미를 기억하게 해 주었습니다. 아이들과 보낸 하루하루는 단순한 시간이 아니라, 서로의 삶에 조용히 흔적을 남기는 뜻깊은 동행이었습니다. 그 사랑의 흔적이 저를 다시 일으켜 세웠습니다.

들꽃처럼 피고 싶어

은은한 향기를 건네는 사람

어쩌다 듣게 된 노래 한 곡이 마음을 울렸다. 스승의 날을 맞아 실천교육교사모임 선생님들이 만든 〈들꽃처럼 피고 싶어〉라는 노래였다. 가사가 너무나 내 마음 같아 노래를 듣고 또 들었다.

"아침이 두려운 날들 / 밝은 웃음 뒤에 숨겨둔 한숨 / 괜찮은 척, 아무 일 없는 척 / 하루를 시작해"

마치 누군가 내 일상을 들여다보며 적은 듯한 가사였다. 침대에서 몸을 일으키며 맞이하는 옅은 긴장감, 교사로서 짊어진 무게, 엄마라는 이름 아래 숨겨둔 크고 작은 미안함까지. 그 모든 감정이 노래 속에 고스란히 담겨 있었다.

사람들의 기대에 미치지 못한다고 느껴질 때, 텅 빈 교실에서 혼자 한숨짓고 아무도 보지 않는 순간 조용히 눈물을 흘리기도 했다. 삼킨 걱정들은 마음 깊은 곳에 묻어 두고, 사람들 앞에서는 늘 웃음을 지어 보였다. 하지만 속마음을 드러내는 일은 여전히 두려웠다.

대학을 졸업하고 어른이 되면 더 단단해질 줄 알았다. 가정을 이루면 미래에 대한 불안은 사라지고, 자연스레 '행복하게 살았습니다.'라는 문장이 따라올 줄 알았다. 그러나 책임은 상상보다 무거웠고, 홀로 감당해야 할 일은 어려웠다. 엄마가 된 후로 나는 더 많이 흔들리고 더 자주 아팠다. 아이를 키우면서 내가 얼마나 부족한 사람인지 절실히 깨달았다. 좋은 엄마가 되고 싶지만, 때로는 화를 내고 아이의 말에 귀 기울이지 못할 때도 있었다. 언제나 해야 할 일이 먼저였고, 아이의 속마음은 잔뜩 쌓인 설거지 더미 밑에 깔려 버리곤 했다. 불안에 잠 못 이루며 눈물 짓는 밤도 많았다. 그래서였을까, 〈들꽃처럼 피고 싶어〉라는 노래가 내게 더욱 특별하게 다가왔는지도 모르겠다.

"나도 사람이야 / 가끔은 흔들리고 아파 / 눈부신 별이 되진 못해도 / 들꽃처럼 피고 싶어"

화려하진 않지만 소박한 아름다움으로 길가에 조용히 피어나는 들꽃. 들꽃은 자신만의 자리에서 지나가는 사람들의 마음을 은은하게 위로한다. 흔들리고 아프더라도 뿌리내린 곳에서 묵묵히 꽃을 피우는 들꽃처럼. 세상의 빛나는 별은 되지 못하더라도, 아이들에게만큼은 은은한 향기를 건네는 사람이 되고 싶다.

아이들이 건네는 작은 말 한마디, "오늘 정말 재미있었어요."라는 순수한 인사에도 마음속에 전구가 켜진다. 그 순간만큼은 두려움도 한숨도 잠시 잊고 활짝 피어난다. 아이들이 열심히 참여하는 수업에 참여하는 모습을 바라볼 때면 그 어느 때보다 깊은 보람을 느낀다.

물론 매일 밝게 빛나는 건 아니다. 무거운 마음으로 하루를 시작하는 날도 있고, 내가 잘하고 있는지 의심스러운 순간도 있다. 준비한 수업이 뜻대로 풀리지 않아 속상한 마음을 혼자 삭여야 하는 날도 있다. 그럼에도 아이들의 맑은 웃음소리가 들려오면, 이 모든 어려움에도 의미가 있다는 것을 깨닫는다.

아침이 두렵더라도, 초라해 보일지라도 괜찮다. 완벽하지 않아도, 때로 실수하고 넘어져도 괜찮다. 각자의 자리에서, 각자의 방식으로 조용히 아름답게 피어나는 우리는 모두 들꽃이다. 세상을 조금 더 아름답게 만드는 들꽃이다. 누가 알아주지 않아도, 손뼉 쳐주지 않아도, 내가 있는 그 자리에서 묵묵히 피어있고 싶다. 흔들리더라도 꺾이지 않는 그런 존재가 되고 싶다.

 선생님의 마음 노트

교육, 서로의 빛을 비추는 동행

아이들은 완벽한 어른을 바라지 않습니다. 그들이 원하는 것은 진짜 어른입니다. 때로는 실수하고 상처받기도 하지만, 그럼에도 꿋꿋이 일어서려 애쓰는 사람, 그리고 자신을 믿어주는 사람 말입니다. 교육은 완성된 어른이 아이를 가르치는 것이 아니라, 함께 성장해 가는 사람들이 서로의 존재를 빛내는 여정입니다. 나의 부족함을 받아들일 때, 비로소 아이들의 마음에 진짜 씨앗을 심을 수 있다고 믿습니다.

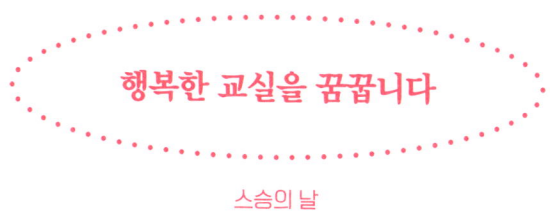

행복한 교실을 꿈꿉니다

스승의 날

스승의 날 아침. 교사 커뮤니티에 올라와 있는 감동 영상을 들으며 출근하는데 눈물이 핑 돌았다. 자신의 꿈을 이룬 한 선생님과 그런 딸을 응원하는 어머니, 그리고 스승과 제자의 따뜻한 만남을 보며 문득 궁금해진다. 17년 전 만났던 아이들에게 나는 어떤 사람으로 기억되고 있을까. 나를 기억해 주기를 바라는 건 온전히 내 욕심이겠지만, 어쨌든 신규 교사의 열정과 시간을 갈아 넣었던 그 시절이 새록새록 떠오른다.

몸과 마음이 무너지기 시작했던 그해, 아이들 사이의 갈등이 이어지며 여러 일이 터져 나왔다. 최선을 다한 선택이 때로는 뜻밖의 오해로 돌아와 마음을 무겁게 하고, 교사 재량의 범위 안에서 내린 결정마저 문제로 받아들여질 때가 있었다. 그때는 휴대전화 진동만 울려도 심장이 두근거렸고, 손에서 땀이 났다. 가족에게조차 털어놓기 힘들 만큼 조심스러웠다. 안타깝게도 학기 마지막 한 달 동안 은우의 얼굴을 볼 수 없었다. 교실의 빈자리를 볼 때마다 가슴이 아팠다. 모든 게 내 부족함 때문인 것 같았다. "당신 같은 사람한테 배울 만한 건 하나도 없다.", "뭐 하나 제대로 하는 게 없다."라는 보호자의 비난이 계속 귓가에 맴돌았다.

　날 선 말들을 들으면서도 내가 할 수 있는 일은 많지 않았고, 너덜너덜하게 찢어진 마음을 어떻게든 이어 붙이며 학교에 있었다. '내가 있을 곳은 여기가 아닐지도 모른다.'라는 생각이 자꾸만 들었다.

　종업식 날, 아이들을 보내고 빈 교실에 홀로 앉아 참 많이 울었다. 나 자신을 그토록 혐오했던 건 그때가 처음이었다. 시간을 되돌릴 수만 있다면 좋겠다고 간절히 바랐다. 이미 소진되어 버린 몸과 마음을 이끌고 내 앞에 닥친 일들을 하나씩 해나가자고 수도 없이 되뇌었다. 버거웠지만 아무렇지 않은 척했다. 그렇게 너무 오랫동안 방치되어 있던 몸과 마음은 결국 탈이 나고 말았다.

　그 일이 있은 지 몇 년 후, 그해 맡았던 스무 명 남짓한 아이들이 나를 찾아왔다. 그때를 생각하면 기억에서 지워 버리고 싶은 순간들이 항상 먼저 떠올랐는데, 훌쩍 커버린 아이들과 옛날이야기를 나누며 오랜만에 행복했던 순간들을 떠올릴 수 있었다. 함께 찍었던 뮤직비디오도 생각나고, 아이들의 푸념도 반가웠다. 곧 아이들의 기억 속에서 잊히겠지만, 스승의 날이라고 찾아와 준 발걸음이 감사했다. 항상 나쁘기만 한 일은 없다고 내게 알려 주는 것만 같았다.

　아이들이 다녀간 지 얼마 지나지 않아, 은우가 새로 사귄 친구들과 함께 나를 찾아왔다. 교실 문 앞에 서서 "선생님."하고 부르는 얼굴을 보고 당황과 놀라움에 잠시 말을 잇지 못했다. "저 기억 못 하시는 거 아니에요?" 하고 웃는 아이를 보고 퍼뜩 정신이 들었다. 당연히 기억한다고,

반갑다고 웃으며 맞아주었다. 학교생활은 어떤지 물어보고, 늘 궁금했다고 네가 잘 지냈으면 하고 응원하고 있다고 말해 주었다. 친구들과 함께 있는 모습이 편안해 보였다. 정말 다행이라고 생각했다.

아이들이 떠난 뒤 교실에서 부끄러운 줄도 모르고 소리 내어 끅끅 울었다. 억눌렸던 감정들이 터져 나오듯 쏟아졌고, '그래도 이제는 나를 많이 미워하지는 않는구나.' 하는 안도감과 나를 책망했던 시간이 한꺼번에 밀려왔다. 말하지 못했던 이야기들을 울음으로 토해냈다. 스승의 날이 되면 그날이 떠오른다. 처절하게 울었던 그날의 기억이 떠오른다.

아침에 학교에 앉아 컴퓨터를 켜고 있는데 우리 반 회장이 으스대며 들어 왔다.
"야, 설마 선생님께 편지 안 쓴 애들은 없겠지? 이 편지지 누나한테 겨우 받아서 쓴 거야." 친구들에게 장난스럽게 말하며 내게 편지를 건네는 모습이 참 사랑스럽고 고마웠다. 그 모습을 본 몇 명이 주섬주섬 편지를 연달아 건넸다. 꼬깃꼬깃 급하게 쓴 편지도, 사인펜으로 곱게 색칠한 편지도 모두 소중한 마음으로 읽었다. 오늘 몸이 좋지 않아 목소리가 잘 나오지 않지만, 고마움을 표현할 줄 아는 아이들이 있어서 다행이라고 생각했다.
그래서 너희들을 만나게 되어 참 감사하다고, 한 명 한 명 모두가 선생님에게는 참 소중하다고 이야기해 주었다. 말하면서 눈물이 보이지 않게 꾹 참았다. 힘들 때도 많았지만 이렇게 이야기하고 나니 나를 바라보고 있는 아이들의 모습이 참 소중하게 느껴진다. 쓴 글을 다시 읽어 보니 울보 선생님이 따로 없다.
  아무쪼록 선생님들이 아프지 않으셨으면 좋겠다. 아이들과 교실에서 행복하셨으면 좋겠다.

선생님의 마음 노트

내 마음이 먼저입니다

아이들을 사랑하기에 때로는 지치고 많이 아픕니다. 그러니 부디 선생님들께서 자신을 다그치지 않았으면 합니다. 나를 돌보는 것이 이기적인 일이 아님을 기억해 주세요. 지친 마음으로는 따뜻함을 나누기 어렵습니다. 충분히 쉬고, 충분히 웃고, 충분히 나 자신과 마주하는 시간을 가지셨으면 좋겠습니다.

가끔은 멈춰 서도 괜찮습니다. 흔들리는 마음을 억지로 세워 두려 하지 마시고 그저 조용히 품어 주세요. 나무도 바람에 휘어져야 부러지지 않으니까요.

오늘 하루 애쓴 나를, 모든 선생님을 토닥여 주고 싶습니다.

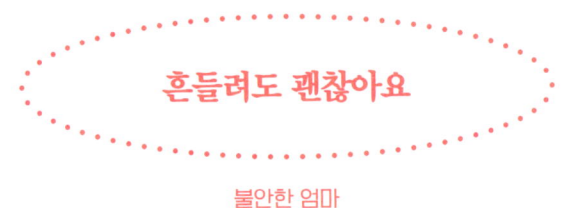

흔들려도 괜찮아요

불안한 엄마

　첫아이가 일곱 살이 되던 해, 주변 아이들이 하나둘 영어학원에 다니기 시작했다. 처음엔 "아직 이르지 않을까?" 하며 잠시 망설였지만, 점점 불안해지기 시작했다. "유명 어학원 레벨 테스트에서 ○○단계를 받았대.", "거기 다니면 6학년쯤 되면 영어 걱정은 안 해도 된다더라." 같은 이야기가 자꾸만 귀에 들어왔다. '내가 지금 이러고 있을 때가 아니지.' 결국 나도 대형 어학원에 아이를 보내기 시작했다.

　그때부터 진짜 전쟁이 시작되었다. 학원 숙제는 왜 그렇게 많은지, 숙제를 봐주고 단어를 외우게 하느라 아이 방에서는 나의 잔소리와 아이의 짜증 섞인 소리가 매일 울려 퍼졌다. "이거 지금 몇 번째 외우고 있는데 왜 자꾸 틀려! 집중해야지." 닦달하는 내 모습에 스스로 놀랐다. 아이는 눈물을 뚝뚝 흘리며 그만하고 싶다고 말했다. 이러다 아이가 영영 나를 보고 싶지 않을 수도 있겠다는 생각에 두려워졌다. 그제야 정신이 번쩍 들었다.

무엇을 위한 영어 공부인가.

아이를 위해 시작했지만, 아이를 괴롭히고 있다는 사실을 깨닫고 학원을 그만두었다. 하지만 영어를 완전히 놓을 수는 없었다. 그동안 투자한 시간과 돈이 아까웠다. 주변 엄마들의 정보통에 의하면 '엄마표 영어'라는 것이 아이에게 부담을 주지 않으면서도 영어 노출량을 늘려서 실력 향상에 도움이 된다고 했다. 혼자서 계획을 세우고 공부를 돕기엔 자신이 없어서, 엄마표 영어 센터에 다니며 교재를 빌리고 영어로 만화도 보여주기 시작했다. 하지만 시간이 지날수록 대충 책을 읽고 녹음하는 아이를 보며 답답했고, 학교 일로 바빠 제대로 아이를 봐주지 못한다는 죄책감까지 더해졌다. 센터 선생님은 엄마가 옆에서 봐줘야 한다고 했지만, 내게는 그럴 만한 시간과 에너지가 없었다.

다시 학원을 알아보기 시작했다. 눈에 불을 켜고 밤새 카페를 뒤져가며 학원 정보를 검색했다. 이번에는 숙제까지 다 봐주는 곳으로 신중하게 선택해야 했다. 무엇보다 아이와의 관계를 최우선으로 하고, 공부는 학원에서 하며 집에서는 따뜻한 엄마가 되자고 다짐했다.

잠깐의 평화도 잠시, 주변에서 수학학원과 논술학원 이야기가 들려오기 시작했다. 어릴 때부터 사고력 수학을 다니다 대형 수학학원으로 옮기는 아이가 여럿 있었고, 수학을 미리 시키지 않아서 후회된다는 엄마들의 이야기가 귓가에 맴돌았다. "논술도 미리 준비해야 해, 문해력도 얼마나 중요한데." 다잡았던 마음이 다시 불안해지기 시작했고, 또다시 학원을 알아보기 시작했다. '어떤 학원이 우리 아이와 잘 맞을까?' 수많은 정보 사이에서 혼란스러웠지만, 최선의 선택을 하고 싶었다. 하지만 정작 중요한 건 놓치고 있었다. 아이의 의견은 물어보지도 않고 학원을 찾고 있었다.

수많은 번뇌와 자책의 날들을 보내다 다시 정신을 차렸다. 아이가 받아들일 수 없다면, 스스로 하지 않으면 아무 의미가 없다는 사실을. 아이의 성적에 대해 별 욕심이 없다고 말해왔지만 그건 사실이 아니었다. 나는 누구보다 욕심 많은 엄마였다. 엄마는 쉽게 불안해지고 자꾸만 귀가 팔랑거린다. 그럴 때면 가슴은 조여오고 머리도 지끈거린다. 이런 과정을 겪고 있는 엄마들이 많을 거라고 생각한다. 그래서 수많은 시행착오를 겪은 내 경험을 나누고 싶었다. 매일 밤 숙제를 챙기느라 지쳐가는 엄마들에게 이야기해 주고 싶었다. 지금 그런 마음이 드는 건 당연하다고. 자책하고 눈물로 밤을 지새우는 날들을 나 역시 많이 보냈다고 말해주고 싶었다.

공교육에 종사하고 있는 선생님이 눈에 불을 켜고 학원을 찾아다녔다는 이야기는 사람들에게 손가락질 받을지도 모르겠다. 남에게 밝히기 부끄러운 고백이지만 그래도 말하고 싶었다. 가급적 이른 시일 내에 온전히 아이에게만 집중된 레이더의 방향을 조금은 나 자신을 위한 쪽으로 돌렸으면 좋겠다고. 그렇게 자신을 위해 쓴 시간이 마음의 여유로 남아, 아이들의 이야기에 귀 기울일 수 있을 거라고.
어린 시절 부모와 쌓은 따뜻한 기억은 어른이 되었을 때 힘든 과정을 스스로 헤쳐 나갈 힘이 된다. '내게는 무조건적인 내 편이 있다.'라는 확신이 아이를 진정으로 자유롭게 만든다.

상담하다 보면 특목고 진학에 관심이 많은 부모님, 고학년이 되면 대치동까지 먼 거리를 마다하지 않고 라이딩하시는 분들을 만난다. 그럴 때면 묻고 싶다. 정말로 아이의 바람인지를. 아니면 부모의 바람을 아이가 대신하고 있는 건 아닌지를.

너무 오랜 시간 내 욕심이 앞을 가려 아이의 이야기를 제대로 듣지 못했던 것이 지금도 후회가 된다. 이제라도 늦지 않았다. 아이들이 자신만의 꿈을 꾸는 사람으로 자라날 수 있도록 다정한 시선으로 옆에서 지지하려 한다.

흔들려도 괜찮다. 아니, 많은 날을 흔들려야 한다. 하지만 그 흔들림이 결국 아이를 향한 따뜻한 시선으로 제자리를 찾기를, 그래서 아이와 함께 걸어갈 든든한 동반자가 되기를 바란다.

 **선생님의 마음 노트**

어떤 어른이 되고 싶은가요?

아이를 키우면서 가장 힘든 순간은 '내가 정말 잘하고 있는 걸까?'라는 의문이 끝없이 따라붙을 때입니다. 보호자께는 "아이의 속도를 존중해 주세요"라고 말하면서도, 정작 내 아이 앞에서는 그 말을 잊어버리곤 합니다. 그러나 흔들림은 부끄러운 일이 아니었습니다. 오히려 그 흔들림 속에서 다시 중심을 찾아가며, 내가 어떤 어른으로, 어떤 교사로 서고 싶은지가 더욱 분명해졌습니다. 저는 이제 아이의 가능성을 믿듯이 나 자신의 가능성 또한 믿어 보려 합니다. 비록 더딘 걸음일지라도 아이 곁을 다정히 지켜 내고 싶습니다.

서로의 우주가 되어

서툰 나를 기다려 준 아이들

　아침부터 교실이 시끌벅적했다. 등교하자마자 아이들은 서로의 아기 사진을 보여주느라 분주했다.
　"내 사진 한 번 봐라."
　"이게 진짜 너라고?"
　"완전 귀엽다."
　서너 명씩 짝을 지어 사진을 자랑하느라 바쁘다. 자기 모습을 자랑스러워하는 순수한 모습을 멀찍이 서서 한동안 지켜보았다. 그 모습이 사랑스럽긴 하지만 다른 반 아침 독서를 방해할 것 같아 서둘러 아이들을 자리에 앉혔다. 그저 어릴 적 사진 한 장일 뿐인데, 할 이야기가 어쩜 그리도 많은지 신기하기도 하다.

　사회 시간에 사진 속 과거의 나와 지금의 내가 다른 점을 찾아보았다. 한참 사진을 보던 승우가 말했다.
　"선생님, 아무리 봐도 지금이랑 똑같아요."

"음, 사진보다 키가 좀 더 자란 것 같은데? 머리숱도 많아지고."

나의 말에 깨달음을 얻은 듯 "아!" 소리를 내며 고개를 끄덕였다. 커다란 곰 인형에 둘러싸인 조그마한 아기의 모습. 동그란 볼은 턱선이 또렷해졌고, 눈빛에는 좀 더 호기심이 어려 있다. 내가 볼 때는 같은 모습을 찾는 게 더 힘든데, 아이에게는 익숙한 사진이라 그런 건지 달라진 점을 찾기가 어려웠나 보다.

미술 시간에는 어버이날을 맞아 카네이션 카드와 꽃다발을 만들었다. 평소에 미술이라면 대충대충 임하는 녀석들도 보호자께 드릴 카드를 만들 때는 사뭇 진지한 표정으로 임했다. 할머니께 드릴 거라며 습자지와 모루로 반지를 만드는 녀석도 있고, 풍성한 꽃다발을 만들고 싶어 재료를 더 받아 가는 어린이도 있다. 부모님을 기쁘게 해드리고 싶은 마음이 고와서 도움이 필요한 아이들 곁에서 나도 열심히 함께했다. 정성껏 만든 카드와 꽃다발을 건네며 아이들이 어떤 표정을 지을지 상상해 보니 괜히 흐뭇했다.

집에 돌아와 보니 두 딸이 만든 카드가 나를 반겼다. 평소에 보기 힘든 반듯한 글씨로 "사랑하고 감사합니다."라고 쓴 걸 보니 마음이 참 따뜻해진다. 조그만 손을 붙들고서 놀이터 투어를 다닐 때가 엊그제 같은데 큰딸은 벌써 나와 같은 신발을 신을 만큼 자랐다. 이제는 나의 도움 없이도 자기들끼리 등교 준비를 하고 학교에 가는 아이들. 기특한 딸들에게 사랑한다고 말하며 꼭 안아 주었다.

사진 속 조그만 아기에서 지금의 모습으로 성장한 우리 반 친구들처럼, 딸들도 매일 조금씩 자라고 있다. 아이들이 자라는 만큼 나도 함께 자란다. 돌봄이란 건 언제나 상호적이라고 했던가. 나만 아이들을 돌본 것 같아도 아이들도 내 곁에서 나를 기다려 주고 함께해 주었다. 껴안고 서로 위해 주고 툭탁거리기도 하면서, 그렇게 우리는 서로의 우주가 되어 가고 있다.

 선생님의 마음 노트

서로를 비추는 별빛

사진 속 작은 아이에게서 지금의 모습을 발견할 때, 그 사이의 모든 순간이 자연스레 떠오릅니다. 기다림과 웃음, 흘렸던 눈물까지. 시간이 흘러도 변하지 않는 것과 변해간 것들을 함께 바라보며, 그 모든 것이 성장의 과정이었음을 깨닫게 됩니다.

아이는 부모의 품에서 자라고, 부모는 아이의 곁에서 자랍니다. 서로를 비추는 별빛 속에서 길을 잃지 않으며, 각자의 세상을 키워 갑니다. 그렇게 쌓인 시간이 포개져, 우리는 서로의 우주가 되어 갑니다.

에필로그

끝나지 않은 이야기

　창문을 통해 스며드는 석양이 방을 따스하게 물들입니다. 좁다란 화장대에 놓인 노트북 앞에 앉아 이 글을 마무리하면서, 아이들과 함께한 기억들이 책장을 넘기듯 하나씩 스쳐 지나갑니다. 크고 작은 모든 순간이 결국 우리 모두를 성장시켜 온 소중한 시간이었습니다. 아이들 덕분에 저도 많이 달라졌습니다. 아이들의 말 한마디 한마디 한마디에는 그들만의 세계가 담겨 있었고, 저는 그 세계를 이해하려 애쓰는 과정에서 좀 더 넓은 시야를 갖게 되었습니다. 함께한 모든 기억이 지금의 저를 만든 소중한 보물입니다.

　무엇보다 아이들에게서 배운 가장 소중한 가르침은 진정성이었습니다. 아이들은 진실을 알아보는 천부적인 감각을 지니고 있습니다. 진심이 담기지 않은 말은 금세 들키고, 형식적인 사랑은 따뜻함을 전하지 못한다는 것을 알게 되었습니다. 아이들과 함께하며 저는 더욱 솔직한 사람이 되었고, 진실한 마음으로 살아가고 싶다는 다짐을 품게 되었습니다.

집에서는 아이들의 엄마로, 학교에서는 학생들의 선생님으로 살아가는 이중의 역할 속에서 때로는 경계가 모호해지기도 했습니다. 엄마로서의 따뜻함과 교사로서 책임감 사이에서 균형을 잡아가는 일은 쉽지 않았지만, 그 과정이 저를 풍요롭게 만들었습니다. 엄마로서의 경험은 교사로서의 저를 예전보다 포용력 있게 만들어 주었고, 교사로서의 경험은 엄마로서의 저를 조금 더 지혜롭게 해 주었으니까요.

아이들과 함께 걸어갈 길이 설레기도 하고 두렵기도 합니다. 완벽하지 않은 제가 행여나 아이들의 마음에 생채기를 내는 건 아닐까, 저와 보내는 한 해가 그저 그런 시간이 되어 버리지는 않을까 걱정되기도 합니다. 교단에 서 있는 이유를 잊게 만드는 날카로운 민원 앞에 쉽게 무너져 버렸던 제 모습이 아직도 마음 한편에 남아 있습니다. 하지만 그럴 때마다 아이들에게서 받았던 따스한 미소와 다정한 순간들을 떠올립니다. 물먹은 솜처럼 축 처져 있던 저에게 따뜻한 햇살처럼 다가와 눅눅하고 무거운 마음을 보송보송하게 말려 주었던 아이들의 사랑을 기억합니다. 그러면 다시 일어설 힘이 생겨납니다.

오늘도 아침 햇살과 함께 교실 문을 엽니다. 아이들과 매일 아침 대화를 나누고, 무기력한 아이도 함께할 수 있는 활동을 고민합니다. 바쁜 일과에 치이더라도 잠시라도 외로운 아이의 이야기를 묵묵히 들어주고, 작은 손을 잡으며 신뢰와 응원을 전하려고 노력합니다. 때로는 우는 엄마가 되고 때로는 우는 선생님이 되기도 하지만, 서로를 진심으로 아끼기에 함께 울 수 있다고 생각합니다.

그 과정에서 소진되지 않기 위해 저 자신을 돌보는 시간도 조금씩 만들어 가고 있습니다. 오래도록 아이들과 함께하기 위해 글을 쓰고 운동을 하며, 단단하면서도 유연한 나를 만들어 가는 중입니다. 나무가 깊이 뿌리내려야 가지마다 꽃을 피우듯, 저 역시 단단히 뿌리내려 아이들이 저마다의 꽃을 활짝 피울 수 있도록 곁에서 돕고 싶습니다.

어떤 새로운 이야기들이 우리를 기다리고 있을지, 어떤 성장의 순간들을 함께 나누게 될지 기대됩니다. 아이들과 함께하는 하루하루가 선물 같은 시간이라는 것을, 그리고 그 시간 속에서 우리 모두가 조금씩 더 나은 사람이 되고 있다는 것을 잊지 않겠습니다.

마지막으로 소소한 이 기록을 읽어 주신 모든 분께 감사드립니다. 바쁘고 지친 엄마를 이해해 준 아이들에게, 제 꿈을 응원해 준 남편에게, 용기를 북돋아 주신 자기경영노트 성장연구소 선생님들과 오글오글 작가님들께도 감사한 마음을 전합니다. 무엇보다 제가 만난 모든 아이에게 고맙다는 말을 전하고 싶습니다. 아이들이 있기에 지금의 제가 있을 수 있으니까요. 더 나은 사람이 되고 싶다는 꿈을 품게 해 주었으니까요.

오늘도, 내일도 아이들과 함께 자라며 살아가는 것. 서로의 마음에 따뜻한 불씨를 지피며, 각자의 빛으로 세상을 조금씩 밝혀 나가는 것. 그것이 제가 선택한 삶의 방식이고, 아이들과 함께 써 내려가고 싶은 이야기입니다. 내일 또 만날 아이들을 생각하며, 조용히 하루를 마무리합니다.

제 이야기는 아직 끝나지 않았습니다. 새로운 계절마다 피어날 꿈들이 우리를 기다리고 있으니까요.